中国文明的历史
【十】
东亚的开国

［日］波多野善大——编著　　姜婧——翻译

四川人民出版社

本书执笔者

波多野善大　绪言　东亚世界与欧洲世界　欧洲世界的发展与东亚　东亚的锁国　广州与长崎　中国的开国——鸦片战争　广东民众的抗英运动——"亚罗"号战争　太平天国的革命与反革命　日本的开国　西太后与李鸿章　对俄纷争——伊犁问题　对法纷争——越南问题　对日争端——琉球、台湾问题　日清冲突　瓜分中国　革新运动的发展　革命旗帜升起

藤村道生　朝鲜的动向　日俄战争前夕　日俄战争

樱井敏照　中国民众的愤怒　亚洲民族的觉醒

执笔者介绍

藤村道生　昭和四年（1929年）出生于名古屋。昭和二十七年（1952年），于名古屋大学文学部毕业。先后任名古屋大学文学部助手、上智大学文学部教授。主要作品有《山县有朋》《日清战争》《日本现代史》等。

樱井敏照　大正十五年（1926年）出生于名古屋。昭和二十八年（1953年），于名古屋大学毕业。任东邦高中教谕。

目 录

绪　言 / 1

第一章　东亚世界与欧洲世界 / 5
历史的差异 / 5　专制与自由 / 7　独尊与并立 / 9
农牧与农耕 / 10　家族和个人 / 12　佛教与基督教 / 14

第二章　欧洲世界的发展与东亚 / 17
商业的发展 / 17　新大陆与新航路 / 19
金银、香料、海盗 / 22　倭寇与佛郎机 / 24
铁炮与天主教 / 26　三浦按针 / 27

第三章　东亚的锁国 / 30
日本锁国 / 30　中国锁国 / 32
欧洲科学、技术和经济的进步 / 34　英国的发展 / 35
幕藩体制的解体 / 38　清朝体制的衰落 / 40

第四章　广州与长崎 / 43
居留地 / 43　连散步都受监视 / 46　"hoppo"与奉行 / 48
茶叶和生丝 / 50　对外贸易的利润 / 52
锁国时期的窗口 / 55　白银之困 / 58

第五章　中国的开国——鸦片战争 / 61

白银的去向 / 61　鸦片连接世界 / 63　打开中国市场 / 65
打破广州体制 / 67　林则徐 / 69　厉行禁烟 / 72　平英团 / 73
南京条约 / 76

第六章　广东民众的抗英运动——"亚罗"号战争 / 79

中国之弱 / 79　民众意识 / 81　亡命之徒 / 83　期待落空 / 85
"亚罗"号事件 / 87　北京之路 / 89　新条约的结果 / 92

第七章　太平天国的革命与反革命 / 95

西太后 / 95　洪秀全 / 97　革命怒涛 / 99　曾国藩 / 102
李鸿章 / 104　天京末路 / 107　太平天国之梦 / 108

第八章　日本的开国 / 111

寻求毛皮 / 111　美国彦藏 / 113　佩里舰队 / 115
日美和亲条约 / 117　哈里斯 / 118　通商条约 / 121
应对外压 / 122

第九章　西太后与李鸿章 / 125

清朝政权的重组 / 125　烧毁教堂 / 127　外国使臣觐见 / 130
马嘉理案 / 132　充实军备 / 134　扶植近代产业 / 136
中体西用 / 138

第十章　对俄纷争——伊犁问题 / 141

藩属体制解体 / 141　蒙古的西风 / 142　阿古柏伯克 / 143
左宗棠 / 145　对俄谈判 / 147

第十一章　对法纷争——越南问题 / 150

印度支那半岛 / 150　天主教传教士 / 152
湄公河三角洲的三色旗 / 154　三色旗进入东京 / 156
再入东京 / 158　中法战争 / 160

第十二章　对日争端——琉球、台湾问题 / 163

琉球 / 163　将矛盾向外转移 / 164　征台始末 / 167
格兰特调停 / 168

第十三章　朝鲜的动向 / 171

朝鲜问题的重要性 / 171　日本和朝鲜 / 172　征韩论 / 174
朝鲜开国 / 176　大院君被捕 / 178　独立党和事大党 / 181

第十四章　日清冲突 / 183

袁世凯的活动 / 183　激化的日清冲突 / 185　中国的战备 / 187
日清交战 / 190　马关条约 / 192

第十五章　瓜分中国 / 194

中国的战败 / 194　帝国主义的干涉 / 196　赔款的支付 / 200
强迫借款 / 202　铁路利权 / 203　租借地、不割让地 / 206

第十六章　革新运动的发展 / 209

对危机的认识 / 209　战败后的应对 / 212　康有为登场 / 214
断然推行革新 / 217　革新政治失败 / 219

第十七章　革命旗帜升起 / 223

革新和革命的广东 / 223　孙文登场 / 225　孙文赴日 / 227
革命派与变法派 / 228　自立军举兵 / 231　惠州举兵 / 232

第十八章　中国民众的愤怒 / 235

德国入侵山东 / 235　义和拳会 / 236　清朝守旧派 / 238
被称赞的义和拳会 / 240　清朝宣战 / 241　笼城北京 / 242
联军入北京 / 243　北京议定书 / 246

第十九章　日俄战争前夕 / 248

闵妃遇害 / 248　国王逃亡俄公使馆 / 250　俄清密约 / 251
俄朝密约 / 252　阿穆尔河之流血 / 254　围绕满洲 / 256
日英同盟 / 258

第二十章　日俄战争 / 260

走向战争之路 / 260　开战舆论 / 261　国家兴亡攸关 / 263
君莫死 / 265　精疲力竭 / 268　日俄战争尾声 / 271
迎来讲和 / 273　朝鲜成为保护国 / 274

第二十一章　亚洲民族的觉醒 / 276

欧洲势力的入侵 / 276　初期抵抗 / 277　亚洲一体 / 279
印度的反英运动 / 280　印尼的民族运动 / 281
越南的民族运动 / 283　朝鲜的民族运动 / 285
中国的民族运动 / 287

关系年表 / 290

解　说 / 301
鸦片战争与中国社会 / 304　中日开国对比论 / 306
对中国近代前期历史展开的思考 / 308
东亚国际关系的结构变化 / 311

出版后记 / 316

绪　言

之前各卷均讲述了以中国为中心的历史发展。对于其他国家与民族的讲述仅局限在与中国相关的领域。特别是，对于欧洲及由其殖民地发展起来的美利坚合众国的论述几乎没有。

从这卷起，欧美各国开始与以中国为首的东亚各国发生了重大关联。也就是说，此前仅通过商人或特许贸易公司与欧美各国拥有私下关系的东亚各国，开始与欧美各国建立起了正式的条约关系。这就是所谓的"开国"。"开国"后，与欧美各国的关系变成了亚洲各国的重要课题。为什么呢？

最重要的原因是这一开国是强迫的结果。

被强迫开国意味着，强迫的一方欧美各国（之后日本对朝鲜也是如此）有让中国、日本等国家开国的需求，而中国或日本并没有这个需求。不，倒不如说，尽管中国、日本或者之后的朝鲜有着不宜开国、不能开国的理由而不愿开国，但却被欧美各国"强加"了开国，这么说更符合实情。

被强行开国,《天津条约》签署场景

欧美各国为什么强迫中国、日本开国呢？迫使中国开国的英国和迫使日本开国的美国之间虽然有些差异，但就像英国最为典型的表现那样，都是因为使用以蒸汽为动力的机器很大程度上提高了生产力，本国资本主义需要市场和原材料。而为了将原材料和工厂、产品和市场连接起来，又有了蒸汽火车和轮船的发明。

另外，欧美各国能够强制要求开国，也是因为有以蒸汽为动力的军舰加上其装配的近代化火炮，以及配备手枪的陆战队等所展现出来的武力。

另一方面，中国、日本、朝鲜拒绝开国有很多原因，而最基本的是对欧美各国的不信任和戒备。这是对于文化、政治体制、生活方式不同的对象所普遍持有的蔑视、警戒和疑惑。

再加上由于对方炫耀远比自己优越的武器装备，并试图以此达到自己的目的，与之接触的中国和日本当局者，当然也就对持有如此武力的异质者怀有警戒心，并排斥与他们建立关系。

就这样，与东亚各国异质的欧美各国，凭借着资本主义性质的生产力、技术革新所带来的先进运输手段、由强大武器武装起来的国力，为寻求市场和原料，强行要求东亚各国开国。那么对东亚各国而言，接下来的问题是如何应对。

任何人皆可行之事，唯初行者为至难。虽然回过头来看这是个再简单不过的问题，但对于当时的人们来说却没那么容易。其间有很多弯路，有些在后来看来是不明智的抵抗，有些是令人愤慨的屈服。

当然，由于东亚内部各国的习惯不同，应对方式也有所不同。尽管有所不同，但在探索应对方法的痛苦当中，这些民族都熬过了将世界整合为一体的新世界史的发展历程，锻炼出了生存下去的力量。

对于各民族而言，在这一世界史中存活下去相当于要忍耐一场没有终点的马拉松。就像曾经的罗马一样，无论怎样的强者，历史终究要将其湮灭；而无论怎样的弱者，也会有荣光的到来。因此，不能因为自己是强者就沾沾自喜，也不能因为失败了就气馁。

本卷所讲述的19世纪及20世纪初的东亚历史，即是对由于欧美的科学、经济、武力而被强行编入国际秩序的东亚各国在一边肩负着各自的传统，一边与欧美国力对抗中，不断犯错并摸索应对之道，锻炼在新开始的世界史中生存下去的自身力量的记录。

第一章　东亚世界与欧洲世界

历史的差异

幕末时期来到日本的欧洲人在看到唯有通过文字和文物才能了解的几百年前的封建体制清晰呈现于眼前之时，表现出了不同寻常的兴趣。但在当时的中国，却完全看不到这种封建体制的痕迹。

此时的朝鲜尚处在锁国的桎梏里，与中国情况相近，与一海之隔的日本截然不同。

因此，虽同属东亚，但不同国家有着该国独特的历史，无法一概而论。日本与中国历史之间的显著差异引人注目。

日本通过所谓的"大化改新"，吸收中国唐朝的文化和制度，建立了基于均田制和国郡制的中央集权王朝体制。该制度后来逐渐发展为具有日本特色的封建体制——武家制度，由此，日本历史与中国历史出现了显著的差异。

当然，中国在周代就出现了"封建"这个词。有人认为，这就相当于欧洲的封建制（Feudalism）、日本的武家制度。但这只是少数人的观点，多数人更倾向于从这之后的历史中寻找相当于建立了封建制和武家制度的时代。

之所以对中国历史有这样的观点，是因为他们试图将从欧洲历史中归纳出的历史发展三阶段——"使用奴隶的古代""农奴进行农耕的中世纪""使用有偿劳动者的近代"，也运用到中国历史中去。如此，即使是抓住了某个事实，成功地区分出了中国历史中的"中世纪"，也仍旧无法从中找到类似欧洲封建制和武家制度的体制。

到底是像欧洲那样的历史发展是正常的，还是像中国这样的历史发展是正常的呢？这个问题恐怕还有探讨的余地。但不可否认的是，中国历史与欧洲历史具有不同的发展面貌。

虽然中国历史与欧洲历史的发展面貌不同，但日本因有着与欧洲封建制颇为相似的武家制度，所以它的历史发展与欧洲相似。这点非常有意思。不过武家制度和欧洲封建制之间也有着很重要的不同。在武家制度的君臣关系中，家臣对于君主有无条件服从的义务；而在欧洲封建制中，这种君臣关系是契约式的，臣下只需要履行契约中所规定的义务，如果君主不履行契约中的义务，那么家臣便可以抛弃君主。也就是说，比起武家制度，欧洲封建制更加赋予了个体独立和自由。

虽然说日本历史与欧洲历史相似，但这只是就欧洲的封建制与日本的武家制度而言。包括日本在内的东亚各国历史与欧洲历史之间一个重要的不同在于，在东西方两个世界合二为一之前，欧洲发生了文艺复兴和宗教改革运动，但东亚却没有与之对应的精神领域的变革。如后所述，正是这一点成为欧洲飞跃发展的契机。

文艺复兴和宗教改革运动的最大意义在于，个人从基督教教义中得到解放，开启了人类自由思考的道路。

未曾经历过这种变革的东亚，在儒教教条（相当于欧洲的基督教）的支配下，则扼杀了个体的自发性。当然，中国和日本的具体情况是不同的，这点将在后面讨论。

专制与自由

为了阐释东亚历史与欧洲历史、中国历史与日本历史之间的差异，曾有学者（美国的德裔汉学家——卡尔·魏特夫）提出了"治水理论"。

中国的农业依赖流域广阔的河川的治理与灌溉，以这样的农业为基础的国家，治水、灌溉是一项国家事业。管理此事的官僚（其顶级是皇帝）通过掌控治水和灌溉，达到统治农民的目的。而且，由于官僚权力是中国的唯一权力，该权力进而发展成专制权力。而日本虽然也是以依靠治水和灌溉的农业为基础，但由于河流小，所以治水和灌溉是地方性的，无法上升为国家事业，因而也就没有像中国一样形成统治全国的专制官僚权力。

另外欧洲历史与中国历史不同的是，欧洲农业不以治水和灌溉为基础，而且权力被划分给了国王、封建贵族和僧侣，官僚权力并不是唯一权力。单一的权力无法进行专制统治，在多个权力的相互抗衡中，自由得到扩大，自由城市得到发展，文艺复兴、宗教改革运动得以发生。

这个用来解释中欧、中日之间历史差异的"治水理论"，其妥当与否暂且不论，用权力是单一还是多元来解释中国和欧洲间自由发展差异的角度倒是很有意思。

从权力构造来看，王朝时代的日本同欧洲一样，是权力多元化。除了天皇和贵族藤原氏的权力并立外，佛教的教权也拥有足以与二者分庭抗礼的力量。在日本形成的佛教的这般强大教权，是中国所没有的。可以这么说，日本的这种权力形态促使支撑中央集权王朝体制（仿照中国制度建立的）的均田制瓦解，并发展为庄园制，进而又摆脱了庄园的王朝权力，带来了以之为基础的武家体制的发展。

从镰仓幕府成立的12世纪末到江户幕府成立的17世纪初，在这四百年间，幕府、王朝、封建贵族以及佛教的权力彼此对立，为自由的发展创造了良好条件。而在这些权力的对立抗争中，幕府、王朝和佛教逐渐失势，在由封建贵族的一支——德川氏重新组建的幕藩体制下，已经没有能与将军权力抗衡的力量了。也就是说，在幕藩体制下，曾经的多元化权力结构丧失，由单一权力进行专制统治。

虽然中国也有所谓的"贵族制"时代，但中国的"贵族制"指的是官僚位阶由贵族门第高低决定，并不是贵族权力与皇帝权力并立。因而，并不能说这一时代的权力是多元的。

中国的权力是仅以皇帝为最高统治者的官僚权力。虽为专制统治，但并不意味着这唯一的权力不受任何约束。限制该权力、防止该权力恶性滥用的是对"天"的畏惧。在认为帝位是由天命赋予的中国，失去天命就意味着失去皇帝地位。而且人们通常认为天命反映在民间舆论里，因此勤勉为政，不招致民间的谴责和反抗是皇帝的理想模式。由此，我们也可以找到限制皇帝权力的中国式民主政治的原理。

独尊与并立

上文是从国内权力结构的角度考察了东亚与欧洲之间的差异。然而，如果将这两个世界分别作为整体进行比较的话，东亚只有庞大的中国和与之拥有从属关系的小国，而欧洲世界则有多个国家并存。

中国是东亚的文化发祥地，其他各国都是在蒙受其文化恩惠之后，直到很晚才出现，所以无论在国力还是在文化方面两者都有着天壤之差。因此，中国是东亚世界的"山头老大"。中国当然就俯视周围小国，将其置于比自己低的地位并给予属国待遇。虽然北方游牧民族曾一时凭借其马上武力让中国吃了苦头，并竭尽全力使中国陷入从属地位，但在文化方面，通常是征服民族反过来被征服。所以，纵使有在政治上与中国对立抗争的国家，在文化上与之抗争的国家也只有引进了伊斯兰文化的蒙古。从这一点来看，东亚由中国独尊统治，国际关系也不平等，周围小国与中国是从属关系，即所谓的"朝贡关系"。

另一方面，在欧洲，罗马瓦解后形成的日耳曼封建制各国与教皇对立抗争，其间许多独立的自由市也加入了进来。尽管欧洲世界国与国也多少存在国力上的差异，但却没有类似东亚中国那样的独尊国家，而是反复上演多个国家并存和对立抗争的局面。换而言之，东亚世界的权力形态是单一的，而欧洲世界则是权力多元化。

欧洲世界的自由比东亚世界更为发达，不仅是因为一个国家内部的权力形态，也是因为欧洲整体的权力形态是多元的。

另外，中国由于是东亚的独尊存在，所以也没必要关心周围世界，由国际间反复对立抗争而形成的民族主义发展迟缓，这导致中华民族较晚出现国民的整体意识。

农牧与农耕

上文提到的"治水理论"，着眼于亚洲季风气候地区的生产基础——稻米农耕，并以此解释与欧洲不同的中国和日本的政治、社会特色。东亚的农耕是与畜牧业相分离的，家畜只是作为耕作的辅助者而被饲养。当然，猪的饲养是为了食肉用。这与以畜牧为伴、衣食也几乎全部依赖畜牧的欧洲农耕有着本质的不同。

即使单独比较农耕，两者也有显著不同。欧洲一年有着平均且适度的雨量，而东亚雨量则集中在一年的某个时期，而且不稳定，东亚气温又高，不仅需要治水和灌溉，还需要除去生长旺盛的杂草。欧洲的农耕粗放且简单，而亚洲的农耕则是集约型的辛苦劳作。因此，从这个观点来解释两者地域的特色，也不失为一种方法。

根据这个观点，首先可以说，在畜牧农耕社会，土地人口密度小，而在不伴随畜牧的东亚农耕社会，人口密度高。这是因为畜牧农耕需要放牧家畜的牧场，而东亚农耕则没有这个需求。

稍微举个数字，在中国唐代的均田制中，分配给18至60岁男子的土地面积约为每人5.5公顷。而在中世纪的欧洲，农奴一家持有的标准土地面积约为12公顷。

中国的数字之所以比预想中的大，是因为其计算基于了当时使用牛犁耕作的华北旱田地带的耕作强度和土地生产力。而到了华南的水田地带，土地生产力虽是旱田的数倍之多，但耕作困难，农民一家的耕作能力大约为10市亩。

在以唐朝制度为模本的日本"班田制"中，分配给六岁以上男子每人两段[1]，分配给女子其2/3。因每家具有资格的人数不同，农民每家分得的土地面积也不同。即使完全按照这个标准分配，每家分得的土地恐怕也不会超过1公顷。这一数字之所以远远小于唐朝，是因为土地是水田，这与中国华南水田地带每家的耕作面积大体一致。

除了两个地域的人口密度差异外，在农牧社会中，畜牧生活培养了个人的独立和自由，再加上要经常不停地寻找新的草原，孕育了开辟新生活场所的进取精神。而在农耕社会中，农耕技术由父辈兄辈向下传承，父兄成为农耕技术的指导者，他们在家庭内部的地位自不待言，在农村社会也受到尊敬，由此形成了基于年龄的社会秩序。顺从代替个人的独立和自由成为美德，耕种祖先传下来的土地，长期于农村之中封闭生活，

---

[1] 日本度量衡制的土地面积单位，1段约992平方米。——译注

形成了保守退缩的性格。此外，受自然气候影响较大的农耕还塑造了容易屈从和放弃的性格。

另外，在农牧生活中，围绕着牧地和耕地，不可避免会与其他部落民族发生争斗。为此，农牧社会看重能力且富有战斗性。而农耕社会则看重经验丰富的老人，为了收获作物，他们更期盼安定和平。

农牧和农耕给以它们为基础的社会赋予了不一样的性格。有人将统治日本民族的大和朝廷视作由大陆渡来的农牧骑马民族，并试图以此来追溯中日两国虽同为农耕社会但历史却不同的原因（日本学者江上波夫的学说）。

家族和个人

东亚社会与欧洲社会的另一个区别是，前者将家族视作社会的单元，而后者则将个人视作社会的单元。换言之，在东亚社会里个人的独立自主性是不充分的，个人被囊括于家族之中，而在欧洲社会里个人的独立自主性得到彰显。

在欧洲社会，古罗马也有着与中国颇为相似的家族构成，实行家父长制，中世纪的封建时代有继承封建特权和家产的家族，但文艺复兴后，随着个人独立自主性的发展，作为社会构成单元的家族的重要程度逐渐降低，转而开始强调个人的平等。

而东亚社会直到最近为止，家族一直都是社会构成的单元。个人作为家族的一员从属于家族，受家族支配。

东亚社会的家族之所以能作为社会单元延存至今，主要是因为水田耕作式农耕的需要。如前所述，东亚的水田耕作所需要的集约型技术，由父兄向下面的子弟传授。故，家族对于子弟来说是学习农耕技术的学校，经验丰富的父兄是他们的老师。此外，由于在耕种和收获时期必须集中劳动力，家族也是为这个时期储存所需劳动力的场所。

如此，在东亚，由于家族向来对水田耕作来说非常重要，而且儒教强调家族伦理和祖先崇拜，再加上家族一直被政治性的"邻保组织"所利用，东亚社会的家族式社会结构得以存续至今。

在以家族为社会结构单元的东亚社会中，理所当然重视作为家族基础的血缘关系。但因东亚还是与故乡土地密不可分的农耕社会，所以同乡观念也很强。也就是说，他们只信赖有血缘关系、同乡地缘关系的人，且只对他们感到亲近。而不同血缘、不同乡里的人则被视为外人、异乡人，遭到排斥。

在如此重视血缘和地缘的东亚社会里，政治、社会、经济等所有组织多由具有血缘、地缘关系的人组成。而不由血缘或地缘关系组成的团体则通常靠歃血为盟、交杯换盏的方式结成父子、兄弟关系以加强团结。即使不采取这种方式，也会借用家族关系来阐释内部关系，从而强化组织和联系，密切彼此关系。比如，将君臣关系看作父子关系，称国民是皇帝或天皇的赤子。日本有种说法是：日本民族是以天皇家为本家的一个大家族。

维系以家族为单元的社会关系，当然离不开家族孝悌伦理，即要为父亲或者身处父权地位的人献身并服从其命令，同时也要尊敬年长者，听从其吩咐和指示。

在具有这样关系的社会中，个人的独立性和自主性难以培育。人们倾向于用情绪来处理所有问题，而厌恶理性的追究和处理问题的方式，因此理性精神难以萌芽。另外，所有个体都拥有这一社会家族关系中的不平等身份，所以不可能实现平等。当然，社会本身也不可能产生个人平等的观念。

佛教与基督教

欧洲世界在民族、语言、宗教、文化各个方面具有很大的共性，而亚洲世界除去有很大共性的水田农耕，民族、语言、宗教、文化杂然纷呈，基本上很难统一。其中，东亚地区在宗教和文化上相对比较共通。

欧洲的共性是因为各国的语言、文化、宗教全部起源于希腊和罗马。而东亚的共性也是因为各国宗教、文化多是起源于中国或者以中国作为媒介。

在两者分别具有的共通要素中，对各自区域最具影响力的分别是欧洲的基督教和东亚的佛教。

虽说如此，将东亚的佛教和欧洲的基督教并列是值得商讨的。这是因为，欧洲的基督教几乎影响着欧洲所有人的生活，而东亚的佛教并非如此。

在中国，比起佛教，倒不如说道教的影响力更大，而知识阶层、上流阶层，也即所谓的读书人，他们阅读儒家经典，受儒教的支配更多。这一点在朝鲜和日本也是一样。

可以说，受到佛教影响最大的国家是日本。在传入不久后的奈良时代，佛教已与4世纪末的罗马基督教一样，成为日本巩固王朝统治权的国教。但是，佛教在民众中间普及开来，则是在镰仓时代净土宗、净土真宗、日莲宗等民众宗派创立之后。实行闭关锁国后，由于基督教遭到禁止，民众被强制要求信仰佛教，所有家庭必须要成为某个寺院的檀家并进行登记。不过，由于江户时代以武士为首的上流阶层的主要学问是儒学，所以对他们而言儒学的影响更大，而佛教则与一般民众关系密切。但由于儒学所强调的家族伦理也是佛教的教导，因此两者之间并不矛盾。

总之，对东亚社会产生影响的佛教和儒教发挥了维系并强化东亚家族结构的作用。此外，由于两者都不是对绝对唯一的超越神的信仰，而是一种哲学，所以两者并不排斥，可以同时学习。因此，在东亚，只要不威胁政治权力，不损害家族结构，国家对于任何宗教都很宽容。中国的白莲教徒之乱，日本的"一向一揆"[①]、岛原之乱等，都是由宗教结社引发的政治叛乱，而不是由信仰纷争引发的。

然而，信仰绝对唯一超越神的基督教对异教就没那么宽容，它要求个人从精神上全心全灵信仰神。因此，它的信仰者与信奉同为一神教之伊斯兰教的阿拉伯人、土耳其人之间长期战乱不断。不仅如此，在宗教改革时期，基督教新旧两派之间还上演了裹挟着封建诸侯和国王等的利害关系的激烈的宗教战争。但是，将人性从罗马教会的教条里解放出来的宗教改革与文艺复兴相辅相成，使欧洲诞生了新的精神，即人类自由思考

---

① 一向起义。日本室町后期至战国时代的僧侣教徒起义，一向宗的僧侣及其农民信徒为反抗政治统治者而发起的起义。——译注

的精神。

基督教本来就倡导神面前人人平等，这与重视家族式社会身份的儒教和佛教不同。在经历文艺复兴和宗教改革的洗礼后，这种平等以个人独立自主的方式实现了。

综上，在欧洲世界，个人平等、独立自主、自由思想得到了较早发展；而在东亚，个人从属于家族，还被囊括到家族秩序扩大的社会身份关系中，在家族内部自不必说，在社会关系中，独立自由的行为和思考方式也难以培育。

当然，在东亚，中国也曾于明朝末期、日本也曾于战国及安土桃山时期出现了个人独立自由的萌芽，但却未能得到充分发展。究其原因，无非是清朝政府和江户幕府为了保证自身体制的安全，早早将这种势头扑灭在了萌芽状态。

随着个人独立自主和自由思考的迅速发展，欧洲世界不断扩大，并大大拉开了与东亚各国的差距。

第二章 欧洲世界的发展与东亚

商业的发展

欧洲比东亚较早有了个人独立自主和自由思考精神的发展,其前提是以十字军东征为契机,12世纪以后复活于欧洲的商业发展和商业城市繁荣。

欧洲商业购入品有东南亚产的胡椒等香料(它们对于以肉食为主的欧洲人来说是不可或缺的)、中国的丝绸等,特别以前者为主。香料由阿拉伯人经海路运送至红海或者波斯湾,从那里再经陆路运送至亚历山大城,与威尼斯、热那亚等城市的意大利商人带来的毛织品进行交换。中国的丝绸通过所谓的"陆上丝绸之路",由土耳其人、阿拉伯的商队运送至东罗马帝国首都君士坦丁堡、亚历山大城等地,依然是与毛织物进行交换,到达威尼斯、热那亚商人手中。

这些东方商品以南德商人为媒介进入北欧,在北海、波罗的海地区销售。这条欧洲商路同时也是意大利热那亚、佛罗伦萨或佛兰德的毛织品、南德的银、麻织品、北欧的毛皮、木材、鱼类等商品的主要销售路线。14、15世纪是这条商路的繁华鼎盛时期。在这条商路沿途，威尼斯、热那亚、佛罗伦萨、奥格斯堡和以北欧吕贝克为首的汉萨同盟城市等商业城市发展起来，它们作为城市国家或自由城市，拥有独立或自治权。也就是说，属于商人和手工业者的大量独立国家和自治城市沿着这条商路蓬勃发展。

这些城市是中世纪自由扩大的产物，而它们的诞生也成了自由进一步壮大的温床。即，从这些城市里兴起了文艺复兴运动，继而又发展为宗教改革运动，此外还有新大陆和新航路的发现，更是从地理和通商上大大扩展了欧洲世界。

在希腊已经有了这样的认识：地是转动的球形，宇宙有多个以地球为中心旋转的球形天体。在这一认识的基础上，进而有人认为，天体不是绕地球转，地球和其他天体一样绕着太阳转。

但是，在由基督教支配的中世纪欧洲，这种天体不借助神力而自转的希腊宇宙观被视作无神论而遭到排斥，人们还是回到了"大地是浮在水面上的巨大圆盘，被水的圆形天井所覆盖"这种青铜器时代的认知里。即便有人主张天体是转动的，也是认同地球是中心，其他天体绕着地球转的"天动说"，而且认为使天体转动的是天使。此外，他们的地理视野也很狭窄，仅局限在欧洲。

然而，随着十字军的东征，这种中世纪欧洲的世界观和地理视野发生了很大改变。这是因为传到埃及亚历山大城和东罗马帝国首都君士坦丁堡的希腊天文学又复活了。此外，13至 14 世纪，游牧民族蒙古族建立起横跨亚欧大陆的蒙古帝国，基督教徒受到优待，罗马教廷也与蒙古帝国联络，以夹击占据叙利亚、巴勒斯坦、小亚细亚地区的伊斯兰国家——塞尔柱突厥[①]。通过陆路交通，东西方的使者、商人、传教士互通往来，东方讯息被带到欧洲，扩大了欧洲人的地理视野。特别是，曾到元帝国忽必烈的都城旅行过的威尼斯商人之子马可·波罗的旅行日记，因将日本描写为黄金和珍珠之国而广为人知。

这一东西方的交通，在元明政权更替、塞尔柱突厥被奥斯曼土耳其[②]消灭后就中断了。但是这一时代宇宙观的进步以及地理视野的扩大，成为开辟东西方海上通商道路的基础。曾与哥伦布有书信往来，并促成其大航海计划的佛罗伦萨的托斯卡内利[③]所绘制的地图及其"由欧洲向西航行就能抵达印度"的评估，正是基于这样的宇宙观和地理视野。

新大陆与新航路

在欧洲人发现了新世界、新航路后，欧洲从地理上得到扩张，欧洲世界与东亚世界之间的差距也大大拉开了。

[①] 塞尔柱突厥：游牧民族突厥的一支塞尔柱于 11 世纪中期建立的王朝。11 世纪末由于政权纷争而分裂，本家于 12 世纪中叶、各分支派别也于 14 世纪初灭亡。——译注
[②] 奥斯曼土耳其：13 世纪末，由奥斯曼于小亚细亚创立的突厥系伊斯兰国家，政权持续至 1922 年，极盛时势力达亚非欧三大洲。——译注
[③] 托斯卡内利（1397—1482 年）：佛罗伦萨天文学家、地理学家、医生。——译注

哥伦布一家是西班牙裔犹太人[①]，在热那亚从事毛织品生意。热那亚和佛罗伦萨在当时是英国、佛兰德生产的毛织品的最后加工地。

据说哥伦布最初是一名纺织工学徒，后来满心梦想着向西航海发现金银宝石岛屿以及抵达黄金之国日本。他起初试图得到葡萄牙国王的支持，但没有成功，后来在西班牙伊莎贝拉女王的支持和拥有丰富经验的西班牙航海家平松的帮助下，在1492年开始了第一次航行。他在向西航行70天后发现了西印度群岛的一部分，又在接下来的三次航行中发现了更多的西印度岛屿，且在第三次航海时抵达了巴拿马地峡。但哥伦布并没有察觉新大陆的存在，他在完成第四次航海的两年后（1506年）去世。

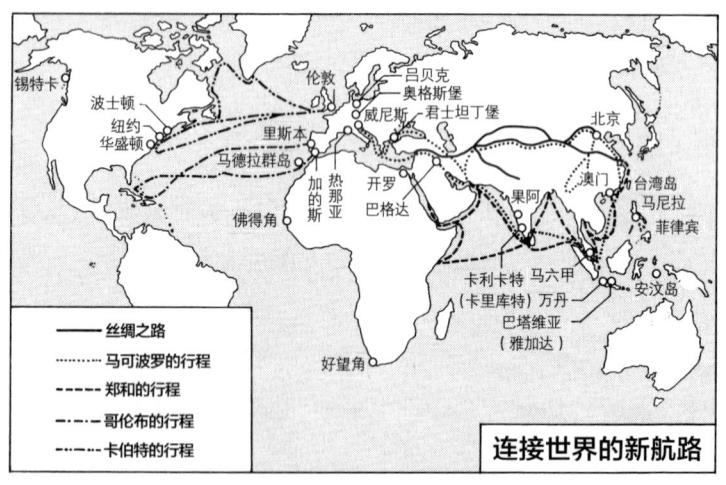

（书中地图系原文插附地图）

[①] 哥伦布是意大利人，"西班牙裔犹太人"这种说法似无确凿证据。——编注

另一方面，新航路开辟是葡萄牙人努力的结果。葡萄牙王子恩里克（亨利）多次沿着非洲西海岸南下，在他去世（1460年）之后的1486年，迪亚士抵达非洲南端，打开了通往印度的希望之门，葡萄牙国王因此将之命名为"好望角"。在接下来的1498年，瓦斯科·达·伽马经由好望角抵达印度西海岸的卡利卡特，首次打通了欧洲与印度之间的海路。

就在哥伦布完成第一次航海后，西班牙和葡萄牙围绕这些新发现的土地发生了争执，教皇以非洲佛得角群岛以西100里格的子午线为界，将东边裁定给葡萄牙，西边裁定给西班牙。次年，在两国的交涉下，又将边界定在佛得角以西370里格的子午线处（大约为西经45度，1里格相当于3英里）。

新航路和新大陆的发现，有的说是因为奥斯曼帝国占据了亚洲和非洲的地峡地带，东方香料向欧洲的输入由此中断；

瓦斯科·达·伽马铜像（澳门）

有的说是因为欧洲人想去往马可·波罗的游记里所描写的珍珠黄金之国日本。

总之，想要对抗当时威尼斯、热那亚、南德奥格斯堡、北欧汉萨同盟城市的贸易垄断的西班牙、葡萄牙和英格兰商人，以及那些在东方贸易中败给了威尼斯进而转向伊比利亚半岛贸易的热那亚商人迫切需要开辟新的东洋通道。

金银、香料、海盗

新大陆、新航路发现后，西班牙派出下层贵族开始了对西印度群岛以及墨西哥以南南北美洲的征服和殖民活动。葡萄牙也一边致力于抢占亚洲的通商基地，一边在南美殖民了巴西。

西班牙的征服极尽残忍。他们通过掠夺和杀戮消灭了美洲印第安王国，搜刮了大量金银财宝，还奴役原住民采掘银矿。16世纪10年代至20年代的科尔特斯征服墨西哥的阿兹特克文明、16世纪30年代初的弗朗西斯科·皮萨罗和阿尔马格罗入侵秘鲁印加帝国等都是其代表性事件。

此外，葡萄牙人麦哲伦得到西班牙的许可，于1519年沿西方航路向西航行，南下南美洲海岸，经麦哲伦海峡到达了太平洋。麦哲伦虽于1521年遭菲律宾原住民杀害，但其船队中的一支于次年返回西班牙，完成了证明地球是圆形的环球航行。

葡萄牙首任驻印度总督阿尔梅达于16世纪初在印度西南海岸的科钦建立了根据地。第二任总督阿尔布克尔克占领

17 世纪的果阿

果阿，并将政府机构搬至此地，继而占领了锡兰、马六甲，并在马鲁古群岛（Moluccas）的特尔纳特岛设立基地，驱逐阿拉伯人，抢占了香料贸易。同时，葡萄牙也与中国广东通商，于 16 世纪中叶获得澳门居留权，并将此地当作东亚贸易据点。

落后于西班牙、葡萄牙的英国也试图开辟一条不同于两国的新的印度航线。在英格兰国王亨利七世的命令下，威尼斯人卡伯特为开辟西北航路于 15 世纪末至 16 世纪初进行了两次航海，为英国占领加拿大、新英格兰海岸地带奠定了基础。卡伯特的儿子继承了西北航路的探险工作，又于 16 世纪中叶，召集伦敦的毛织品出口商人，沿俄罗斯、西伯利亚北海岸航行，试图开辟通往印度和中国的东北航路。虽然这两个尝试均以失败告终，但探险为英国在北美、加拿大建立殖民地，开展与俄罗斯的贸易创造了契机。

总之，新大陆和新航路的发现使以地中海为中心的贸易路线被以大西洋为中心的路线取代。大量墨西哥和秘鲁的金银流入西班牙，西班牙迅速跻身为欧洲富强国家。葡萄牙垄断了东印度的香料贸易，里斯本云集了大量来此贸易的荷兰、英国、意大利商人。

与这两个国家相比，英国则有些落后。欧洲世界地理大扩张的16世纪恰好是欧洲宗教改革发生的年代，宗教争端和经济争端纠葛在一起，英国战争频发。女王伊丽莎白一世在位期间，在海上攻击西班牙和葡萄牙等国船只并抢劫货物的"私掠船"公然大量出现。女王自不必说，贵族们也纷纷投资于此，其中有名的海盗有沃尔特·雷利、弗朗西斯·德雷克等。被世界所称颂的英国海军就是从这样的海盗船队发展起来的。此外，英国还援助了当时西班牙属州尼德兰的新教徒对抗菲利普二世的战争，并于1588年一举攻破菲利普二世的"无敌舰队"，为英国势力的崛起和尼德兰北部七州（即荷兰）的独立创造了契机。

倭寇与佛郎机

欧洲商业开始发展的12世纪以后，东亚的商业也发展了起来。在中国宋元时代有以盐、茶、绢、陶瓷器为主的国内贸易以及与来到广州、泉州的阿拉伯人开展的国外贸易，元代还有通过陆路开展的欧亚通商等，后者与欧洲的地中海贸易正好呼应。

日本晚于中国，商业从镰仓中期13世纪中叶开始发展，历经南北朝时期，进入室町时期后更是得到繁荣发展。濑户内海沿岸、九州西岸的冒险商人前往朝鲜（高丽）、中国（元代）从事贸易，有时他们也会变成海盗。

继元之后的明代，中国商业得到进一步发展，尤其是以上海一带为主产地的棉织品成了重要商品。但明朝为了防范日本冒险商人（倭寇），开始实行海禁（锁国）政策，禁止商人私自通商。15世纪初，明成祖派郑和（出生于云南的穆斯林，原来姓马，后服侍明永乐帝，成为宦官首领太监，被赐予郑姓，乳名为三保，所以被称为"三保太监"）率领船队先后七次到达南洋、印度洋一带开展贸易。而日本和中国（明代）的冒险商人则联手违反海禁，一直在中国的华中、华南海岸从事秘密贸易活动。

如上所述，当明王朝为了政权安定而努力抑制国内商业发展时，欧洲的冒险商人却不远万里向东亚进军。另外，罗马教廷的传教士也和这些冒险商人一起到来了。这样一来，受这刺激，中国和日本的冒险商人也跃身而起，前往菲律宾、爪哇、安南、暹罗等地开展贸易，并在各地发展居留地。

葡萄牙人首次来航中国是在1516年。他们先在广东省西南海岸的上川岛、澳门附近的浪白滘设立据点，接着又在广州、宁波、福州、泉州开始了通商。宁波、泉州两地有大量葡萄牙人居留。但他们反抗的态度激怒了明朝皇帝，在16世纪40年代他们遭到了大举打压，从北方的通商地被驱赶至浪白滘。后来他们成功贿赂官府，在浪白滘附近的澳门设立了根据地（澳门成为葡萄牙领地是在鸦片战争后，在此之前是中国官方控制下的葡萄牙人居留地），并在此后的一百几十年间垄断着与中国的贸易。澳门这座岛屿与邻近的香山县之间是一片沙洲地峡，明朝官府在该地峡筑起只有一扇门的城墙，将之与香山县隔离开来。

循着西方航路前来的西班牙人将菲律宾马尼拉占为根据地。马尼拉因聚集了大量来自福州、厦门、泉州以及日本的商人而十分繁荣，在这里，中国丝绸被换成了大量白银。

铁炮与天主教

与中国通商的葡萄牙人在1543年漂流至日本种子岛并带去了铁炮。五年后他们首次到达丰后。1549年，耶稣会神父沙勿略在因杀人而逃匿于马六甲的日本人弥次郎的带领下来到鹿儿岛。此后，葡萄牙人在日本的通商与耶稣会天主教的传教活动携手发展了起来。

在当时群雄割据的日本，诸大名为了获取海外珍奇物品，尤其是最新样式的武器——铁炮、火药，对葡萄牙人大加欢迎。他们来到了对天主教持有好感的大名的港口。起初，葡萄牙船在松浦氏的平户进行贸易，之后又转向皈依天主教的大村氏的横濑浦、福田，有马氏的口之津。16世纪70年代初，他们在距福田很近的长崎建设贸易和传教城市。不久，大村氏将之捐赠给教会，使之成为教会领地。

就这样，天主教以贸易为依托开始在日本布教。不仅如此，天主教还得到了当时试图打击比叡山、一向宗等割据一方的强大势力的织田信长和丰臣秀吉的承认，从而传播开来。

西班牙商船也于1584年从马尼拉出发来到平户，但由于不敌已有40年占领史的葡萄牙，此后只得以马尼拉为据点，致力于方济各会等的天主教传教。

在中国，贸易和传教也是同步进行的。即使是在葡萄牙商人被赶到澳门以后，传教士的传教活动也未遭禁止。在日本传教两年后返回果阿的沙勿略曾有志到中国传教，但未能如愿，最后客死上川岛。但是在 16 世纪 80 年代末（明末），被派往中国的利玛窦因主张自然科学知识与儒、佛教调和的传教方式，在徐光启（1562—1633 年，明末进士，尚书、大学士。在徐家汇建立天主教堂，从利玛窦等传教士那里学习西学）等上流阶层中收获了信众，并在北京拥有会堂。此后，其他教会的传教士也纷纷前来，直至清代中期，传教士因掌握自然科学、地理、天文、历法等知识而在北京受到优待。

面对 16 世纪波及东亚的世界性商业以及新传来的天主教，日本人的表现似乎比中国人更为积极。就贸易来说，虽然两国的活动都仅局限在东南亚一带，没有将触角延伸至欧洲，但值得注意的是，日本的支仓常长曾受伊达政宗的派遣，横渡太平洋、大西洋，出使欧洲。日本的天主教信众人数是中国的数倍之多，他们不远万里地将使者派到了教皇身边。这么做的利弊姑且不论，从中我们可以看到与日本人在面对幕末维新的近代文化时极为相似的反应，这一点很是有趣。

三浦按针

这一时期，荷兰和英国也开始了在东亚的活动，他们通过争夺西班牙和葡萄牙的贸易基地、掠夺船只，势力渐增。

阿姆斯特丹等地的荷兰商人在与里斯本的中间贸易中壮

大起来。然而，荷兰从西班牙独立后，兼任葡萄牙国王的西班牙菲利普二世从1580年起禁止荷兰船只进入里斯本港口，因此荷兰商人不得不亲自开辟东洋航路，屡次派出船队。

鹿特丹公司于1598年派出的五支船队中的一支"利夫德"号于1600年，也即关原之役的半年前，抵达大分县的臼杵湾附近（在经麦哲伦海峡向东洋行进的途中遭遇暴风，并与西班牙、葡萄牙人发生战斗，船队失散）。最初的百十余名船员中生还的仅有24人，能够下地行走的只有6人。这是首次来航日本的荷兰船只。该船船长英国人威廉·亚当斯得到德川家康的优待，并改名"三浦按针"居住在江户。此外，另一名荷兰船员扬·耶斯腾（Jan Joosten）也改名为"耶杨子"定居江户。

荷兰东印度公司

1602年，荷兰以阿姆斯特丹为中心联合各城市的公司组建了东印度公司。东印度公司于1605年在马鲁古（香料）群岛的安汶岛成立香料贸易的总部，并在马来半岛东岸的帕塔尼设立商馆，与前来的中国商人进行丝绸贸易。接着东印度公司又于1609年得到德川家康的许可，在平户设立商馆。

如前所述，只是向佛兰德出口羊毛的英国由于自身国内毛织品工业发展，为寻求市场，于15世纪末开始了东洋航路探险。1600年末，英国组建了东印度公司，以爪哇的万丹、马鲁古群岛的安汶岛为基地开展香料贸易，并于1613年也在平户设立了商馆。荷兰和英国都通过输入日本所紧缺的中国丝绸、菲律宾等地的鹿皮、南洋的苏木换取了大量白银（鹿皮用于制作外套，苏木用于加工红色染料）。

荷兰和英国破坏着西班牙和葡萄牙的贸易，另一方面互相之间也进行着势力争夺。荷兰人与万丹的英国人交战，并建设巴达维亚，将总部迁出安汶岛。1623年，荷兰驱逐了平户和安汶岛的英国势力，并于次年在台湾建立热兰遮城（台南外港安平古堡）。

第三章 东亚的锁国

日本锁国

德川家康许可荷兰、英国在日本开展贸易，原本是为了压制葡萄牙的贸易垄断以及以此为媒介的宗教和政治上的势力渗透。因此，与荷兰、英国的贸易开始后，家康对待葡萄牙和天主教的态度也就不可避免发生了转变。

起初，传教士们极力考虑日本的风俗习惯而采取了极为谨慎的态度来传教，但之后却出现了信徒破坏寺院、神社的现象。此外，葡萄牙商人还奴役贫民子女，将他们作为奴隶运送到南洋。

早前，丰臣秀吉统一战国接近尾声时，对切支丹大名发挥影响力的天主教就已开始成为障碍。1587年，征服岛津氏的丰臣秀吉下令驱逐传教士，并于次年没收了长崎的教会领地，将其收为直辖地。不过由于丰臣秀吉依然奖励海外贸易，这个驱逐令有些有名无实。但在16世纪末，长崎发生了将来自西班牙的方济各会传教士与信徒 26 人处刑的事件。

因为海外贸易，继丰臣秀吉之后的德川家康也对传教持着宽容态度，全国的天主教徒一时间达到数十万。

然而，与荷兰、英国的贸易开始后，德川家康逐渐对与传教结合在一起的葡萄牙人开展的贸易采取严格的政策。1604 年（庆长九年），德川家康将京都、堺（大阪南部）、长崎三个城市有实力的商人召集起来，制定了"丝割符"，由"丝割符"商人一并采购葡萄牙人最为重要的输入日本的商品——中国生丝，之后再在幕府和"丝割符"商人间进行分配，然后出售（这是因为之前葡萄牙输入的生丝一半以上都是由日本天主教徒销售的，这成为耶稣会的活动基金）。接着，德川家康在 1613 年（庆长十八年）许可英国通商活动后不久便禁止天主教。为抗议该禁令，长崎发生了规模达数千人的游行活动。对此，德川家康将长崎的教会一举消灭，将传教士和信徒驱赶到了澳门和马尼拉。

德川家康在消灭丰臣家族后的第二年（1616 年）便去世。此后，为了稳固政权，江户幕府对天主教徒采取了严苛的搜捕和残暴的迫害政策。

尽管如此，为了从根本上断绝传教士活动，幕府依然无论如何都要采取限制贸易的措施。1633 年（宽永十年），幕府开始禁止日本人去海外活动，也禁止那些居住在海外的日本人归国。1635 年，幕府又将贸易地点限制在长崎，并于次年建立出岛，将葡萄牙人隔离于此。那些与葡萄牙人通婚的日本人以及出生的混血儿被流放到澳门。接着，幕府动用大量兵力，在荷兰船只炮火的帮助下平息了有大量天主教徒参与的岛原之乱（1637—1638年）。次年（1639年），幕府便开始禁止葡萄牙人通商。1641年（宽永十八年），幕府将平户的荷兰商馆迁至长崎出岛进行隔离，将对外贸易对象限制为荷兰和中国。中国人虽暂时享有贸易自由的权限，但逐渐也受到了限制。1689年（元禄二年），长崎建立唐人屋敷将中国人隔离在内。此后历时百余年的锁国体制就这样形成了。

中国锁国

在16世纪50年代至60年代的中国，那些触犯明朝禁海令从事秘密贸易的中日两国海盗商人经常出没于中国南部的沿海地带，惹恼了中国当局。在他们被镇压下去后，1567年，除渡航日本外，海禁得到解除。但是中日两国间的秘密贸易仍然持续着。明清交替之际，抵抗清朝的郑芝龙是与平户通商的秘密贸易者的首领，他和日本女子结婚并生下了郑成功，此事广为人知。郑成功赶走了热兰遮城的荷兰人，并以台湾为根据地，持续对抗荷兰援助下的清朝。为此清朝于1661年发布了迁界令——东南沿海的居民内迁50里，禁止了海上贸易。随着郑氏最后降清，迁界令也于1683年废止。

虽然荷兰时不时会向清朝派遣使节，也帮助清朝平定了郑氏，但由于葡萄牙从中干扰，清朝只允许荷兰进行八年一次的朝贡。

英国起初也在果阿葡萄牙官厅的许可下，派了贸易船去往中国，并于1637年抵达澳门，但遭到当地葡萄牙人的阻挠，于是独自进入广州开展贸易。之后又由于葡萄牙的干扰，英国在广州的通商也失败了。1670年以后，英国便利用清朝和郑氏之间的抗争，在厦门和台湾一带从事贸易。

迁界令虽于1683年解除，但对外贸易真正放开却是在1685年，葡萄牙和英国船只可以在广州、厦门、宁波等地开展交易。但到了1757年（乾隆二十二年），对外贸易被限制在广州进行。这一方面是广州海关官吏和贸易商人贿赂清朝中央的结果，另一方面，对清朝当局而言，将贸易限定在一个港口也有利于监视外国人活动。当然，广州仅是清朝与英国等欧洲国家开展贸易的港口，此外清朝还与藩属国开展朝贡贸易，与俄罗斯则通过外蒙古北境的贸易城市或在北京进行贸易。

另一方面，针对中国人的海外活动，清政府已于1717年（康熙五十六年）下令禁止航海至菲律宾、爪哇一带，允许居住海外的华侨三年以内归国，但到了1727年（雍正五年），华侨归国一律遭到禁止。不过秘密渡海从未中断。

总之，在18世纪中期以前的中国，外国势力在清朝政权之下受到了严格的限制。尽管中国的天主教因耶稣会传教士利玛窦以上帝为"天"，采取承认祖先崇拜的传教策略而获得了成功，但到了清代，却被多明我会的神父视为异端加以攻击。罗马教皇也对此下了禁令。此外，神父干涉中国内政招致了清朝皇帝和官僚的反感，在雍正帝即位后，传教士被流放至澳门。天主教虽因此走向衰落，秘密传教活动却仍在进行。

欧洲科学、技术和经济的进步

当东亚在锁国牢笼里故步自封时,欧洲世界的科学、技术、经济却在不断发展。

大体上从古代直至17世纪,科学和技术一直处于分离状态,科学被当成是只用头脑进行思考的产物,与利用身体的技术者即手艺人不同,科学被视作高尚的,而技术则遭到轻视。

欧洲科学技术的发展是由这两者密切结合才实现的,而将这两者结合起来的是由欧洲地理扩张和经济发展所带来的现实需要。为了满足这一需要,技术者的经验和科学家的思考相互协作,通过实验推动了科学、技术的共同发展。

由于地理扩张而变得频繁的大航海,带来了地图、指南针、地球仪、航海表的进步。而在伽利略、牛顿等人的推动下有了天文学、力学、数学的进步。

另外,大炮的使用使得弹道研究成为必要,也推动了力学进步。

16世纪的宗教改革战争中出现了大量伤员,为了医治他们,此前由理发匠兼职的外科手术、解剖工作等逐渐作为外科医学、解剖学发展起来。

由于能够制成冶铁用木炭的木材越来越少,17至18世纪期间,人们开始尝试使用煤,将之做成焦炭,用来冶铁。

随着煤炭需求的增加,为了抽出炭坑中涌出的水,18世纪初人们开始构思设计蒸汽泵,并在18世纪末由詹姆斯·瓦特完成了改良。就这样,蒸汽机开始取代马力、水力和风力。

世界性商业发展起来后，市场进一步扩大，为满足其需要，有必要进一步扩大毛织品、棉织品的生产。18 世纪 30 年代，约翰·凯伊发明飞梭就是应其所需。接着，为了纺织大功率飞梭织布机所需的大量生丝，又有了纺纱机改良。18 世纪末，克朗普顿发明了走锭纺纱机。为适应纺纱机的纺纱效率，卡特莱特又发明了将飞梭织布机进一步机械化的动力织布机。

机器的发明使得制作机器用铁的需求增加。18 世纪末，使用蒸汽机送风的大型熔矿炉的发明提高了生铁的生产效率。但是，为了去除生铁里的氧气使之成为熟铁（锻铁），又需要使用木炭进行氧化精炼，这一效率向来很低。18 世纪末，随着使用煤炭或焦炭的反射炉的发明，效率得到了提升。不仅如此，之前人们一直使用蒸汽锤将熟铁敲打成板或棒的形状，后来想出了使用轧机进行压延的方法。如此一来，供给由于蒸汽机制造而需求大增的熟铁成为可能。

英国的发展

引领上述科学技术发展的是英国。英国原本是欧洲的落后国家，在从欧洲大陆引进了技术和技术者后，毛织品工业发展了起来。特别是新大陆的发现使英国成为交通要塞，贸易得到了发展，那些在宗教改革中受到罗马教廷迫害的法国、尼德兰新教徒技术者纷纷逃到英国。17 世纪以后，英国的科学、技术、经济进步显著，自七年战争（1756—1763 年）中制服了法国后，英国便牢牢掌握了欧洲的领导权。

在英国，继毛织品后棉织品开始发展。18 世纪末，兰开夏郡地区使用以蒸汽机为动力的纺纱机、织布机运转的棉工业得到发展，并引导了产业革命。

棉织品原本是印度的特产，东印度公司强行向印度达卡的手工业者"预付"钱款，从他们手中低价收购棉织品（东印度公司强行预支纺织工人一笔款项，要求其在一定时间内生产出一定价值的定量棉布，如逾期无法完成或质量不达标，将对纺织工进行惩罚），进口到国内后带动流行热潮。但当英国本土可以低成本生产棉织品后，印度棉织品便渐渐淡出英国国内市场。不仅如此，棉织品还成为英国重要的出口商品。

当欧洲科学、技术、经济快速发展时，南北美洲的殖民地开发运动也在推进。

因卡伯特而名义上是英国殖民地的北美东北海岸，在伊丽莎白女王时期开始被殖民。

为推翻西班牙势力，女王在海上抢掠西班牙船只，并染指北美的殖民活动。但是，真正的殖民是进入17世纪以后的事，从国王那里获得殖民地经营特许的公司和领主向美洲派遣移民。这些移民中，既有饱受英国国教教会压迫之苦、向新大陆追寻自由的清教徒，也有躲避王侯战争兵役之人，还有圈地运动中遭领主圈占土地的农民，等等。就这样，北美形成了十三州殖民地，农林业、手工业、商业渐渐得到发展。但英国一贯采取的政策却是把北美作为本国国王、贵族、工商业者榨取利益之地。

法国通过17世纪初的探险占领了加拿大的东北部，并在路易十四世（1643—1715年在位）时期，殖民了圣劳伦斯河流域至密西西比河流域。

英法两国的殖民地每逢欧洲内部的英法交战之际都会被卷入对战，在七年战争中，英国夺走了法国的殖民地。

十三州殖民地中的大部分逐渐成为王属殖民地，由英女王任命总督。总督的任务是推进旨在维护英国利益的法律的实施，这与殖民地居民的利益发生了冲突。特别是将七年战争造成的宗主国财政负担改由殖民地分担的立法，更是引起了殖民地居民的反抗。不仅如此，英国为保护东印度公司利益还于1767年制定了茶叶法，限制北美殖民地的茶叶进口，殖民地居民不得不高价购买茶叶。1773年，他们袭击了停泊在波士顿港口的英国船只，夺走茶箱，倒入海中。为此，波士顿港遭到封锁，大量军队驻扎马萨诸塞州，居民的反抗受到严重处罚。这继而引发了独立战争（1775—1783年），在以法国、西班牙为首的欧洲国际势力的帮助下，北美十三州殖民地实现了独立，成立了美利坚合众国。

在美洲的殖民势力发展期间，亚洲的英国势力以东印度公司为代表发展了起来。虽然英国东印度公司在日本、东南亚贸易中被荷兰东印度公司打败，但在中国贸易这一块，如后所述，却始终掌握着主导权。在印度贸易方面也是如此，英国通过七年战争驱逐了法国势力，于1765年获得孟加拉的地租征收权，拉开了殖民统治的序幕。之后英国又利用藩王纷争，通过武力、收买、胁迫等手段，扩大了统治范围。

而另一方面，1768年至1780年间库克船长的三次航海探险，为英国占领由荷兰航海家亚伯·塔斯曼发现于17世纪的新西兰、澳大利亚等南太平洋地区奠定了基础。

幕藩体制的解体

日本和中国的锁国，是正在形成中的专制统治权力为了维护自身安定，选择性地缩小了可能扰乱安定的外国势力。剥夺外国势力的自由，将其纳入统治之下，是为了阻断国民与其接触而不得不采取的措施。日本和中国能够采取这样的措施，是因为它们在政治和文化方面具备相应的实力。而其他亚洲国家之所以成为殖民地，是因为它们没有在政治和文化上形成足以抵御外国势力的力量。

锁国后，日本和中国的国内商业都得到了发展。

在日本新形成的武家制度，即幕藩体制中，武士和农民、商人、手工业者之间有着截然的区分，由大名和其家臣所组成的武士从生产中脱离，居住在城下。农民则住在农村，生产武士所需的大米等粮食。而那些被称为"町人"的商人和手工业者居住在城下的商人区。

封建领主大名向农民收取的贡租以大米为主。因为家臣从大名那里领取大米作为俸禄，所以武士需要卖掉大米来换取日常生活用品。以武士为对象的商业繁荣，城下町发展了起来。

此外，江户幕府为了操控大名而实行"参勤交代制"，为此江户成为人口超百万的最大城下町，诸大名频繁往来于江户也使得驿站町繁荣起来。

这样的幕藩体制将身为武士生活根基的农民与商人分离，

对防止商业资本流入农村造成贫富差距扩大，扰乱农村安定起到了一定作用。但武士却被商人所压制，经常因欠债受到折磨，生活更加贫困。虽然从社会和政治角度，他们看不起町人，拥有统治权，但经济上却受制于町人。尤其是向诸大名放贷的三井、鸿池家族拥有了与15、16世纪放贷给欧洲王侯、教皇的奥格斯堡富格家族（Fugger）一样的势力。

而另一方面，从17世纪末开始，都市周边的农村开始出现棉花、茶叶、油菜、烟草、蓼蓝等经济作物的种植，丝绸、棉麻织品等手工副业的发展使农村出现了富农。此外，经营酒屋、酱油屋、榨油屋、染坊等的农村商人也开始崛起。这些富农和农村商人向农民高息放贷，农民的土地渐渐集中到他们手里。由此，农村的贫富差距问题逐渐严重，失去土地的"水吞百姓"越来越多。

财政上困顿的诸大名削减了家臣俸禄，使家臣的生活更加艰难。诸大名一方面通过检地来发掘那些没有租贡负担的土地（即所谓的"隐田"），另一方面提高租贡的上缴比例，经常引发"百姓一揆"[①]。"百姓一揆"在18世纪末（天明至宽永年间）尤为频繁。

诸大名又将领地内发展起来的商品生产交易从商人手中夺取过来，垄断为藩的专属买卖。这些商品与米一起在江户、大阪、长崎等地广泛出售，承办买卖的御用商人又成为左右大名的财政的商人。

---

① 农民反封建起义的泛称。——译注

如此，幕藩体制首先从经济上发生了动摇，而以对抗幕府官学儒学而出现的国学为基础，"尊王论"又开始兴起，从思想上动摇了幕藩体制。

清朝体制的衰落

在中国，17世纪末，郑氏降清，清朝实现了统一。从此时起至18世纪末这百余年间的商业发展，也让清朝体制出现了裂痕。

中国从很早开始就是由官僚统治国家。随着货币经济的发展，官僚的生活需要货币，最早从15世纪中期（明正统年间）起，政府开始以征收银两的形式征收租税。日本因征收大米为租税，所以武士受到商人压制，而中国征收租税时收取银两，农民不管愿不愿意都需要和商人维持关系，他们因此受到商人压制，土地渐渐集中到商人手中。

明末实行"一条鞭法"，将土地税（地赋）和成年男子所要缴纳的人头税（丁赋）等诸多税目合在一起，根据持有的土

清代的银块（右为50两，左为10两。光绪年间江西省铸造）

地数量征收相应数额的白银。清代康熙末年（18世纪初），清朝政府将当时全国丁赋的总额与人丁数量的增减分离，从此以后丁赋的总额固定了下来，政府将这部分固定的丁赋与地赋合并，按照土地所有的额度征收租税。这便是"地丁银"，是清朝政府最重要的财政来源。通过征收地丁银，政府的收入大体稳定，但是农民却要不分丰年荒年，卖掉所收获的粮食来缴纳一定额度的银税。一些小土地所有者为了筹集税金，不得不将土地作为抵押，向商人或当铺借钱，他们渐渐失去土地成为无产农民，大量的土地集中到商人手中。

在中国，那些蚕食国库、收受贿赂的官僚积蓄了最多的财富，他们还通过经营以他人名义开办的商店、当铺等，手里掌握着大量土地。

农民因有着现金的需求，所以大量种植棉花、苎麻、烟草、蓼蓝、油菜、茶叶等经济作物，制成棉线、棉织品、麻线、麻织品、丝线、丝织品、茶叶等产品。这些产业开始兴盛，丝线、丝绸、棉织品、茶叶成为重要的出口商品。

在日本的幕藩体制下，农民虽被武士榨取，但武士并不想破坏支撑其生活的农村，这在一定程度上阻碍了商人肆意剥削农民。但在中国，商人的活动是被放任不管的，所以商人的势力渗透进农村，伴随着人口增加，农村贫富差距越来越大，贫民数量激增。这在华中、华南那些土地生产力比较高的大米种植地带尤其严重。

由于商人剥削而出现的无产化现象不仅发生在农村。那些支撑清朝政权的八旗兵也非常穷困，对他们的救济是清朝政府的一大头痛问题。

如果像英国那样发展工业，开拓殖民地，那么农民无产化问题可以通过工厂劳动者或移民的方式加以消解。但在中国，工业发展远不足以消弭由商业带来的农村解体问题，无产化的农民要么搬到广西、贵州、云南、四川、甘肃、内蒙古等国内的偏远地区居住，要么偷渡到南洋，依靠偷盗、抢掠、走私鸦片和盐等反体制活动谋生。这些人相互帮扶，通常会模仿家族结构组建起上下秩序森严的秘密结社。其中比较典型的有华南的天地会、长江流域的哥老会、华北的白莲会。

其中，白莲会的历史可以追溯至12世纪的宋代。自元末14世纪以来，白莲教与弥勒信仰结合，成为一种消灾祈福的民间宗教，在河南和山东等地拥有一定势力。后来，白莲教在流入湖北、陕西、四川三省交界处的山区移民中广泛传播，清朝政府将之作为邪教加以打压，这引发了教徒叛乱。平定这场叛乱需要九年之久，而仅靠清朝正规军八旗、绿营远远不够，为此政府组建了大量的农民临时部队（乡勇），终于平定了叛乱。这正是货币经济发展之后清朝体制开始不能很好运转的表征。

第四章　广州与长崎

居留地

　　锁国体制下，中国只剩下广州、日本只剩下长崎作为对外贸易港口。但广州和长崎的贸易并不自由，只能在严密的监管之下进行。为此，政府特地设立了外国人居留地，即广州的夷馆"canton"[①]和长崎的出岛、唐人屋敷。

　　由遍布炮台的虎门海口进入，沿珠江回溯35海里便是广州所在地。在距其数海里不远处有个黄埔岛，岛的东南方上游有个叫"黄埔"的专门停泊外国贸易船只的场所。而外国人的居留地在广州的西南城外，隔着珠江前有河南岛，西南有花地岛，外国人称之为"canton"。

　　那些获准从事对外贸易的商人，也就是"行商"（被特许从事对外贸易的商行称为"洋行"，意思是对外贸易的批发

---

① 外国人把广州城中外国人可活动的区域，即夷馆，称为"canton"。——译注

广州附近要图

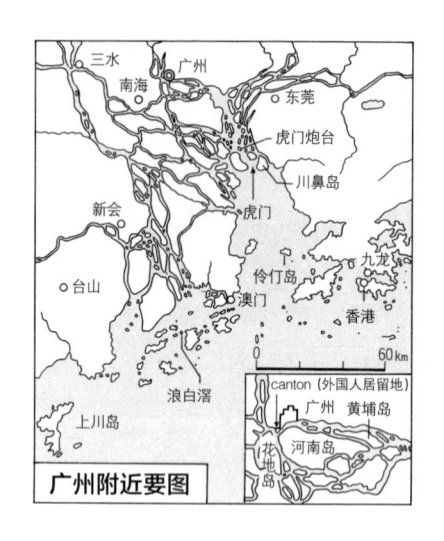

商），在此修建的三层小楼鳞次栉比。这些三层建筑，第一层用作办公室、仓库、厨房，第二层用作会计室、接待室、食堂，第三层用作卧房。外国商社租借其一用作自身商馆。商馆区域横宽333米，纵深212米，前面的河岸处建起了公园，各商馆横宽20余米，纵深120米。三层建筑物向内排开。

这些商馆并非全年都有外国商人居住，商馆只是他们每年10月份到来年3月份船只入港"贸易季"这半年的居所，另外半年他们则退居澳门。

与之相比，长崎的出岛（荷兰东印度公司以每年55贯白银的价格进行租借）只有其1/2不到的面积。出岛为人造岛，在海岸的南侧形成了一个大大的扇形，长214米多，宽63米多，四周围着土墙，通过桥梁与对岸相连。而装卸荷兰船只的货物时使用的水门在西北侧。

土墙内部是荷兰东印度公司的商馆，里面林立着被当作

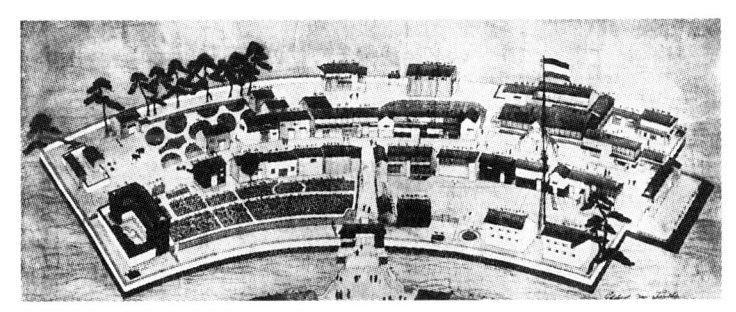

长崎的出岛

住所、事务所和仓库的荷兰风格建筑物，建筑物前面有一个小庭院。

出岛与夷馆不同，荷兰的商馆馆长（即甲必丹，葡语：capitao）与商馆馆员以及商馆的佣人常居于此。馆长在每年7月份荷兰船只入港时进行轮换。

长崎的贸易对象除荷兰外还有中国。中国船只在每年的春、夏、秋时节三次入港，其中既有来自中国本土南京、宁波、厦门、泉州、福州、漳州、广州等地的船只，也有来自侨居安南、柬埔寨、暹罗、爪哇等地的中国人，即南洋华侨的船只。这使得长崎居留的中国人数量众多。1688年（元禄元年），据说其人数已达一万人。在锁国后，长崎市内各町按顺序成为宿町供众多中国居留者旅宿。但是在1689年，幕府在长崎郊外建立了30700平方米（9300坪）的唐人屋敷，专门容纳中国人。

唐人屋敷里林立着由土墙和竹篱围起来的两层建筑，除关帝庙等建筑外，还有杂货铺，大门外即为码头。

连散步都受监视

由于居留地是严加监管的对象，所以居留地内的生活与软禁差不多。

在夷馆生活的外国商人时刻处在那些出租商馆的行商（又称"公商"，是获得国家特许的商人）的监视之下。外国船只一旦入港，即需要一个"公商"担任其保证人（又叫"保商"），"保商"负责监视该船船员，并对他们的行为负责。

居留地内还有以下一些规定：

禁止携妇女儿童及武器入内。该禁令得到严格执行。即使到了1830年4月，曾有三名妇女从澳门来到英国商馆参观，清朝政府依旧以停止贸易相威胁。无奈之下，三名妇女只好离开。

侨居的外国人禁止雇佣中国男佣。但是这一点未能严格执行。

外国人不得乘坐轿子。轿子是中国官僚和上流人士使用的，"下等藩鬼"不得使用。

外国人不得在河上游船。但是在每月三次带"八"的日子里，可以有少量人在翻译人员的陪同下，到河对岸的花园里散步。这一规定也未能得到很好执行。

外国人不得直接向官员递交请愿书。如有需要，必须通过行商。也就是说，禁止外国人和中国官员有直接接触，所有交涉只能通过行商进行。

与夷馆的外国人由行商管辖不同，出岛和唐人屋敷则由长崎奉行所的官员管辖。

出岛在临海一侧设有七个哨岗，在通往内城的桥梁旁也设了一个哨岗，只有官吏、从事贸易的商人、译员、商馆的雇工、艺妓可以通行。唐人屋敷也是如此。

出岛和唐人屋敷禁止携夫人入内。这与夷馆的情况相似，但不同的是，出岛和唐人屋敷允许艺妓出入。

外国商人即便有时可以外出，也必须和译员同行。这一点也和夷馆相似。

但不同的是，荷兰人和中国人都可以直接和长崎奉行所的官员进行会面、交涉或者宴饮。不仅如此，新的商馆馆长到任后还需前去江户拜见将军。此时，需要行下级官员对上级官员所行的跪坐、俯首礼。

夷馆和出岛尽管都是自由受到限制的居留地，但性质差别却很大。夷馆不像出岛、唐人屋敷那样构造森严——由护城河、土墙、院墙围起，虽无法自由走动，但是街道可以通往其他区域，而且可以到前面的河上，甚至是河对岸的河南岛比较放松地游玩。因此就这一点来说，夷馆比出岛、唐人屋敷自由度更高。

但是中国人将外国人视作下等人。如规定他们不能坐轿子、不能使用中国男佣、不能直接和官吏接触等，这都是轻视外国人的表现。因此，艺妓也就不可能被允许进出外国人居留地。从这一点来看，出岛、唐人屋敷的外国人则更为自由。

"hoppo"与奉行

监督居留地贸易的，在夷馆是驻扎广州的"粤海关监督"，即所谓的"hoppo"（欧洲人音译名），在出岛、唐人街是"长崎奉行"。

粤海关监督，简单地说，就是广州海关税关长官。只不过这个税关是传统意义上的税关，即常关、钞关的一种（设立于内地水路要塞的被称为"关"，设立于外国船只入港海岸港口的被称为"海关"），与鸦片战争后开埠港口设立的"新关"不同。

为什么外国人管粤海关监督叫"hoppo"呢？这是因为海关由中国的财政总管户部管辖，海关监督由户部尚书，即财政大臣推荐任命，而"hoppo"正是"户部"的讹音。

常关的监督是一个收入很高的职位，因此在清代通常由六部或宗人府的满洲官员兼任，每年轮换一次。粤海关监督则更是收入不菲。

行商在广州贸易中作用非常重要，被称为"广州十三行"。"十三行"其实并没有13个行商，其数量时多时少并不固定。

当对外贸易限定在广州夷馆后，这些行商结成了同业组织（公行）。也就是说，他们结成了行会，垄断对外贸易，从海关监督那里承包了进出口关税征收工作，还承担了监督外国人的职责，并强行让外国商人接受进出口商品的垄断价格。

此外，由于外国商人不熟悉中国的度量衡、货币和商业习惯，他们通常会雇用中国会计以及照顾他们在夷馆一切生活

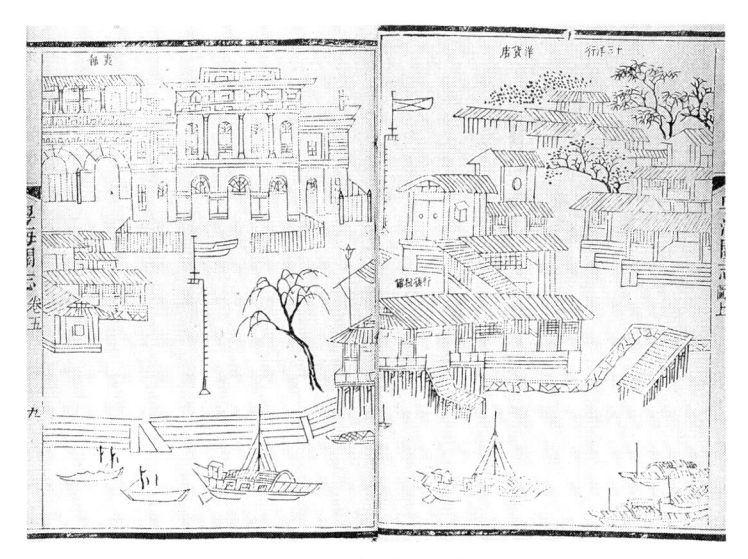

广州的海关（《粤海图志》插图）

起居的被称为"买办"的中国人。这些受雇的中国人都是行商推荐的，由行商进行身份担保，而行商则通过他们对外国商人进行监督。

负责管理长崎贸易和外交的是"长崎奉行"。起初，长崎奉行只在外国船只入港的7月至10月份期间待在长崎，其余的时间则返回江户。但从1633年（宽永十年）起，日本开始实行两个奉行在长崎和江户两地轮任的制度。

奉行仅负责长崎的贸易、外交和司法相关事务，市政事务则由"町年寄""乙名"等町役人打理。奉行下面具体负责贸易事务执行的也是町役人。出岛和唐人屋敷都由"乙名"管理，"乙名"下面设置了相当于翻译的荷兰通词和唐通事。此外，负责给外国船只供给水、食物，给居留地外国人供给食物的人员来自市外，管辖市外的"代官"对他们进行监督管理，向他们颁发许可证，令其从事相关工作。

茶叶和生丝

除了英国东印度公司，法国和荷兰的东印度公司也分别于1728年、1762年在广州居留地内设立了商馆。在标志着美国独立正式被认可的《巴黎条约》签订后的第二年，即1784年，波士顿商社也设立了商馆。此外，还有其他国家的船只陆续到来，但都不足为道。广州贸易中最重要的是与英国东印度公司的贸易，其次对美贸易也稳步增长。英国东印度公司的贸易以向本国输入茶叶、丝绸、棉织品和向中国输入毛织品、棉花为主。茶叶起源于中国，经东印度公司输入英国国内后，英国人也开始饮茶。起初，茶叶是上层阶级的饮品，1784年后，随着进口关税下调，茶叶价格下跌，茶叶在英国普及开来，进口量增加，成为东印度公司的明星商品。

为换取中国的茶叶，英国带来了毛织品。但中国对毛织品的需求并不旺盛，仅有印度棉花相较而言卖得好一些。所以英国需要携带大量现银。然而，美国独立战争以及与援助美国的法国、西班牙之间的战争造成了英国财政困难，再加上此时英国正处于产业革命进程当中，因此无力支撑持续的现银输出。这样一来，英国必须要想出不用现银就能换取茶叶的办法。为此，他们想到了贩卖印度鸦片以换取茶叶。

然而，由于鸦片在中国是违禁品，因此如果由东印度公司亲自操作的话，那么茶叶贸易势必会被叫停。于是，英国决定向地方贸易商（居住在印度的从事印度与中国、南洋一带贸易的英国商人）颁发许可，由他们代替东印度公司向中国输入鸦片。通过收买贿赂中国官吏，鸦片交易变得一发不可收拾，进而引发了下文所述的一连串问题。

长崎贸易中，被称为"白丝"的生丝是日本最重要的进口商品，而出口商品起初以银，后以铜为主。

葡萄牙、荷兰和英国的商人都非常希望从亚洲购买马鲁古群岛的香料。为了购买香料，他们必须入手马鲁古群岛居民最想要的印度棉布，而购买棉布又需要大量白银。于是，当时亚洲的产银国日本受到各国关注，向日本输入生丝、鹿皮以换取白银的贸易发展起来。

日本同中国的贸易也以生丝为主，此外，丝织品、砂糖、中药材、汉籍等的进口量也相当大。日本出口至中国的商品则以白银为主，如后所述，银出口受到限制后，用于铜钱制造的

吸食鸦片者

铜便取代了白银出口，17至18世纪（元禄年间）铜出口量最大。但18世纪10年代以后，日本的生丝进口和铜出口逐步减少。这是因为，中国的生丝价格随着对外贸易的发展变得越来越高，而生丝在日本的销售价格却非常便宜。即便如此，出于铜出口的利润考虑，日本多少还是进口生丝。但日本国内铜价上涨，铜出口减少后，生丝的进口量也随之减少。

日本为何会有很大的生丝需求呢？这是因为商业繁荣和城市发展使得武士和町人越来越多地穿着丝织品，而日本国内所产的丝绸无法满足这一需求。根据"丝割符"制度，生丝被分配给京都、堺、长崎三个城市（1631年，即宽永八年，又加入了江户和大阪）那些加入"丝割符"制度的大商人。

另外，自17世纪末起，清朝政府下令由盐商采购日本铜，因此，中国的铜进口是由盐商主导的官营贸易。日本当时靠着炼铜制铜业发家的是大阪"泉屋"，也就是此后的住友家族。

对外贸易的利润

在广州贸易中获得利润的是垄断向英国输入茶叶的英国东印度公司和垄断茶叶出口的中国行商。

据估算，18世纪末至19世纪，东印度公司平均获取了占销售总额28%的利润，19世纪初每年的利润总额高达123万英镑。尽管输入中国的毛织品几近滞销，年年亏损，但冲抵完这部分后，英国还是大幅盈利。

行商也得以以垄断价格出售茶叶。红茶的主要产地在福建省西部，绿茶的主要产地在安徽省南部，这些地方的茶商在接到订单后，经由河路将茶叶不远万里运送到广州。然后行商对茶叶进行再加工、挑选和包装，卖给东印度公司。行商的利润是茶叶原价的三成之多。

东印度公司和行商为了垄断利润如此之高的贸易，需缴纳各种税费，同时还需进行贿赂和"捐赠"。

出口所需的各项费用均由东印度公司承担，由行商统一征收。其中，除了按船只大小征收的吨税和茶叶出口税，还有对上至总督、巡抚、海关监督，下至衙门各种办事员的贿赂费用。而且吨税非常高，出口税也是正常金额的四至五倍之多，税率为商品价格的二成至二成半。

行商当然要向相关的地方和中央官吏行贿，此外，政府还时不时向他们强行收取大额的"捐赠"（报效银）。在清代，盐商和行商是被政府征收"捐赠"最多的商人。贿赂和"捐赠"，再加上奢侈生活中的浪费，使得行商开始从居留广州夷

制茶场景

馆的外国商人那里借取高利贷，经常会有因此破产而被流放新疆的人。

17世纪上半叶，日本进口生丝的买卖，一直是由"丝割符"商人垄断着。

"丝割符"制的设置原本是为了统管葡萄牙人的贸易。1631年（宽永八年），中国人输入的生丝也被纳入该制度管理之下，与此同时江户和大阪的商人也加入进来，"丝割符"范围扩大为五个城市。此外，由荷兰人输入的生丝也于两年后被纳入"丝割符"制管理下。

17世纪中叶以后，"丝割符"制曾被短暂废止而出现自由贸易的局面。但由于商人之间的竞价，商品价格被抬高。于是，进口商品改由五个城市的商人向奉行投标，进口数额大的商品给投标报价低的一方，进口数额小的商品给投标报价高的一方，并将之通报给荷兰和中国商人。

这种做法虽然对日本有利，但由于利润降低，荷兰和中国生出不满。17世纪末（1685年），生丝贸易又恢复了"丝割符"制。

"丝割符"商人相当于垄断茶叶出口的中国行商，他们靠垄断进口和出售生丝来攫取利润。但随着生丝进口量减少，他们的利润也减少了。幕末以后，他们已经穷困到不得不接受"丝代银"救济金的地步。

另外，长崎最初没有类似广州的进出口赋税。但日本、荷兰和中国的商人需向贸易相关的町役人、荷兰语通词、唐通事等支付被称作"口钱"或"花银"的相应报酬。这被称作

"掛り物"，以实物或白银的方式支付，于1717年（享保二年）被废止。

锁国时期的窗口

广州和长崎既是对外贸易的窗口，也是中国人和日本人接触外国人的唯一窗口。在这两个地方，中国人和日本人与外国人的接触方式有着非常明显的不同。

上文曾提到，中国官府轻蔑外国人，并不积极与他们接触。外国人因担心贸易上利益损失而对中国官府言听计从，但这并不是出于尊敬。因此，在广州贸易中，双方的接触除了贸易并没其他成果，反而是外国人通过鸦片贸易中的行贿和收买之举，加深了中国官府的腐败。

而日本通过在长崎与荷兰人、中国人接触，在文化上获得了很大裨益。

日本从中国那里收获颇多，例如18世纪30年代前往长崎的沈南蘋等画家对日本绘画造成了很大影响，汉籍的流入推动了日本农业技术、手工业技术、本草学、汉方医学的进步，等等。但对日本后世影响更大的则是与荷兰的交流。

日本与荷兰交往，一是能通过荷兰人了解世界的趋势，二是能通过荷兰人、荷兰语接触欧洲的文化水准。

就前者而言，比较重要的有"阿兰陀风说书"。荷兰船只每次在长崎入港，需向长崎奉行所提交有关欧洲、东印度等的报告书，经通词翻译成日文后，提交给幕府，仅供幕府要人阅览，幕府要人借此了解世界形势。这种"风说书"起源于

1644年（正保元年）前后。

中国船只也被要求提交报告，"华夷变态"的消息就是这么来的。此外，出岛的荷兰商馆馆长（甲必丹）在轮换之际赴江户巡礼时，也会带去世界情势的讯息。

荷兰语在日本吸收荷兰文化中起到很大作用，得益于日本的荷兰通词（起初讲葡萄牙语，18世纪20年代开始讲荷兰语。通词作为家族职业被承袭下来，总数有一百二三十人，分大、小、见习三个级别）对荷兰语进行正规而系统的学习。而广州的中国通事仅是通过耳濡目染的方式记住一些简单的"Business English"（中国商人所使用的商用英语），像"What thing want chee?""Oh, some litty chowchow thing""How you do? Long time my no hab see you"[①]等。二者截然不同。

这些通词起初只负责对话和翻译，而被禁止阅读和书写荷兰语。1745年（延享二年），阅读荷兰书籍获得了许可，从这些通词中间陆续诞生了一批学者。

那些想要阅读荷兰语书籍的人，可以从通词那里学习荷兰语，并将它作为吸收欧洲文化的工具。其中最有名的是，前野良泽、杉田玄白等人历时四年于1774年（安永三年）翻译出版了《解体新书》，该书译自德国医学家 J. Kulmus 所著"Anatomische Tabellen"的荷兰语本。

18世纪末，曾担任荷兰通词的石井恒右卫门（松平定信的家臣）、稻村三伯等人根据荷兰书商法兰斯瓦·哈尔马编著

---

① 意思分别是："你想要什么？""嗯，给我来点食品。""好久不见。"——译注

的《兰法辞典》，编纂了兰和对照辞典《江户波留麻》。此后，还出现了简明版的《译键》。长崎的商馆长兹弗也命令通词以哈尔马的《兰法辞典》第二版为样本编纂兰和辞典，在他回国十多年后的1833年（天保四年），终于编纂完成，名为《兹弗波留麻》或《长崎波留麻》。从此，兰书的阅读变得容易多了。

通词另当别论，"兰学"本来主要是各藩医生学习的学问。但他们除了医学，还阅读本草、天文、地理等方面的兰书。尤其是地理书籍开拓了日本人的地理视野。后来，出于海防需要，武士们开始研读兵学书籍。幕末的"兰学"以医学和兵学为主。

毫无疑问，指导"兰学"的是居留出岛的荷兰人。虽然他们中间也有致力于荷兰语普及的商馆长兹弗等人，但医生作为科学工作者发挥的影响更大。其中最具影响力的是1823至1829年，在出岛上度过自己30岁左右人生阶段的西博尔德（1796—1866年）。他得到许可在长崎市外的鸣泷开设诊所兼学塾，讲授医学和自然科学，给日本兰学者带来了很大影响。

西博尔德

总之，锁国时期中日两国对待外国人和外国文化的方式有着很大不同，这种不同一直延续到了开国后。

白银之困

虽然广州和长崎对待外国人和外国文化的方式不同，但这两个地区的贸易所带来的白银大量外流，给中国和日本都造成了困扰。

中国的对外贸易靠出口茶叶和丝绸挣取白银，日本进口生丝需要支付白银。起初中国是贸易顺差，后来鸦片进口超过茶叶出口，从1826年起变成贸易逆差，白银开始外流。

日本自1641年（宽永十八年）锁国以后，对外贸易中使用白银支付，禁止使用金币。到了1664年（宽文四年），开始允许在对荷贸易中按照"1两金币相当于68匁（日本古代衡量单位，1匁＝3.759克）白银"的兑换比例使用金币。四年后，白银支付被禁止，全部改由金币支付。因此造成金币大量流出。1685年（贞享二年）恢复"丝割符"制度后，日本限制了贸易额，规定一年间中国船只贸易额不超过白银6000贯（金10万两），荷兰船只不超过白银3000贯（金5万两）。

接着在1688年（元禄元年），日本规定每年入港的中国船只数量不超过70艘。但是1715年（正德五年），在由新井白石倡导的"正德新例"中又规定：中国船只不超过30艘，贸易额不超过白银6000贯；荷兰船只不超过2艘，贸易额不超过白银2400贯。1790年（宽政二年）进一步改为：中国船只10艘，白银24700贯；荷兰船只1艘，白银700贯。当然，这里的白银数额并不是指现银的输出额，大部分是依靠铜、俵物（指煎海鼠、干鲍、鱼翅三种海产品）等出口商品支付，现银的实际输出并不多。

大体上以元禄时期为分水岭，由于中国丝绸价格暴涨，日本对生丝的进口逐渐减少。但中国为了进口铜，多少不得不出口生丝。而另一方面，随着从中国进口生丝的减少，日本自身的生丝业发展起来。曾以生丝为主体的日本进口结构也发生了变化，高级丝织品、制作染料的苏木、印染所需的明矾、漆等商品的进口量增加。日本的丝织品技术虽还比不上中国，但丝织品、棉织品、漆器等手工业的发展却是有目共睹的。

在因生丝和丝织品进口而苦于白银外流的日本，国内生丝和丝织品生产逐渐发展起来，这为以后日本的产业发展做出了很大贡献。

白银开始外流后，中国经济出现了很多问题。

在中国，日常生活所使用的货币为铜钱，即开孔的钱币。但是，税金"地丁银"的额度是以白银规定的，所以需要将其换算成铜钱缴纳。在白银不断流入时期，1两白银可以兑换700至800文铜钱。白银开始外流后，1两白银可换1200至1600文铜钱。换取1两白银所需的铜钱越来越多。曾用800或者900文铜钱就可以缴纳1两地丁银的农民，现在却要花费1600文铜钱，这时就出现了交不起或者拖欠的人，影响了17、18世纪之交因平定白莲教之乱而耗资巨大的清政府的财政收入。

此外，盐商需先用白银交纳盐税，买到盐后再以铜钱交易将其卖出。因铜钱贬值，经营变得不景气，盐税收入也产生不足。鸦片输入的增加成为影响清朝政府财政的一大问题。17世纪日本就已经出现的问题，在中国直到19世纪30年代才开始为当局者所重视。

第五章　中国的开国——鸦片战争

白银的去向

鸦片的输入不仅造成了中国的财政负担，也造成了中国人的健康问题和社会问题，以及官员的道德问题。

据说，吸食鸦片的习惯是从印度传入东南亚，后由葡萄牙人在通商中带到了宁波、泉州、厦门一带。明末李时珍的《本草纲目》里就有采集鸦片的记载。到了18世纪末，英国东印度公司为与东南亚通商的地方贸易商颁发许可证，准许他们把鸦片运往中国，鸦片逐渐成为中国社会的一大问题。

到了19世纪初，鸦片的输入开始引起广东官府的注意。嘉庆帝根据官府提交的报告，下令禁止鸦片输入。因而鸦片从可以在广州商馆中进行公开交易的物品变成只能在黄埔河停泊的船只内秘密交易的物品，这种状况一直持续至1821年（道光元年）。在此期间，鸦片年平均走私进口量达4500箱（每箱100至120斤）。

然而就在这一年，鸦片禁令进一步严格。装有鸦片的船只无法在黄埔入港，只能沿珠江口南下在伶仃岛停泊。从印度来的船只在这里卸下鸦片，仅携带合法商品从黄埔入港。鸦片被这艘货船通过现银交易卖给了中国的走私船。走私船一路北上，在所经之处进行走私买卖。

这些走私船为被称为"窑口"的鸦片批发商所有，他们通过贿赂收买了官员和巡视船的船员。1833至1834年（道光十三至十四年），每季度中国的鸦片输入量约2万箱，折合钱币约1200万银元。

纵观从1817年起33年间的广州贸易，东印度公司每年向中国输入以毛织品为主的商品，输入金额约为400万至600万银元，中国每年出口以茶叶和丝绸为主的商品，出口金额约为600万至900万银元。中国每年都有300万至500万银元的贸易顺差。

然而，在印度与中国的地方贸易中，每年输入中国的鸦片和棉花金额约为800万至1900万银元，而中国的生丝和茶叶输出额为400万至800万银元，所以地方贸易商每年会有400万、500万乃至1000万银元以上的收益。

地方贸易商的这部分收益被兑换成伦敦或加尔各答的支付票据，弥补了东印度公司从中国输出茶叶的资金，或者成为高利贷资金，被借给行商。此外英国每年还能从中国输出大量现银，从1825年（道光五年）起，中国的现银出口为400万至700万两。不仅如此，原本每年携带大额现银来买茶叶的美国商船也开始携带伦敦的票据，然后在广州将票据兑换成现银使用。因而，1826年（道光六年）以后，广州贸易中进口开始超过出口，现银开始外流。

进入19世纪20年代，鸦片已经成为连接美国、伦敦、加尔各答、广州经济链条的重要一环。

鸦片连接世界

中国的茶叶由东印度公司输入英国后，成为英国人的日常饮品。为了挣取更多用来购买茶叶的现银，东印度公司开始将印度的鸦片运往中国。鸦片逐渐成为中国人的嗜好品，靠茶叶从英国那里挣得的白银又回到了英国人手里。

然而，英国东印度公司为了将贩卖印度鸦片获得的白银用作英国进口茶叶的资金，必须给种植鸦片的印度农民支付现银。

此外在别的方面，东印度公司也需要支付费用给印度人。起初，因东印度公司从印度进口了棉织品、靛蓝、硝石等商品，所以需要支付费用。特别是被称为"印花布"的加尔各答产的棉布和加尔各答北部城市达卡产的平纹细布，是东印度商人经由中间商向手工业者强制订货，暴力强迫他们生产的。这种棉布因质地轻薄又好看，且价格只有毛织品的1/3，深受英国国民欢迎。17世纪中期以后，进口量大增，由此还引发了失业的英国毛织品工人袭击东印度公司事件。1700年，议会通过法案禁止进口印度棉织品，但是棉织品的走私却从未断绝。

英国也将麻线当作经线，将从印度进口的棉线当作纬线来编织棉织品，但质量仍比不上印度棉布。

在与印度的棉布之争中，兰开夏地区纺纱、织布技术的改良以及机械的应用，使得18世纪末以后形势发生了扭转。兰开夏地区的棉工业不仅可以抗衡印度的棉布，还成为英国产业革命的主角。

产业革命发展起来后，英国成为美国棉花和食品的输入国，印度则成为英国的市场。

英国棉布出口印度，原本是由根据1794年《杰伊条约》获准开展东印度贸易的美国船只实现的。但兰开夏地区快速发展起来的棉纱业者打破了仍在进口印度棉布的东印度公司的对印贸易垄断，不停地要求将印度开放为自由贸易市场，终于在1813年实现了这一要求。

印度一经开放为自由贸易市场，兰开夏地区的棉织品就以奔流之势涌入（1814年81万余反[①]，1821年1913万反，1928年激增至4282万反），曾以英国为市场的棉织品原产地印度开始成为英国的棉布市场。印度从向英国收取白银变为向英国支付白银。不过，印度作为鸦片生产地，依然能够从中国获取白银。

就这样，地方贸易商将在中国走私鸦片所得现银交给东印度公司兑换为伦敦或加尔各答的票据，东印度公司则用这些现银购买中国的茶叶，在伦敦或加尔各答，则以英国出口印度棉布所得款额来进行结算。而美国船只以票据收取出口英国的

[①] 反：布匹的长度单位。一反约宽34厘米，长10米。——译注

棉花和食品的款额，再通过广州鸦片走私贸易换取现银，购买茶叶。

打开中国市场

东印度公司虽丧失了印度贸易垄断，但却仍然垄断着中国贸易。

为改善由行商垄断广州贸易的局面，东印度公司希望英国在北京派驻使节，实现舟山、宁波、天津开埠，并在沿岸选取合适的岛屿用作英国人的居留地，于是开始鼓动英国政府。英国政府先是在1793年派遣马嘎尔尼，后来为了交涉福州开港，又于1816年派出了阿美士德，但两次交涉都没有取得进展。

东印度公司为改善广州贸易条件多少做出了努力，但担心伤害中国当局者的感情会使茶叶贸易遭到禁止，所以还是选

阿美士德

择继续忍耐,在现有的"公行制度"下开展贸易。

中国当局者也意识到茶叶贸易是牵制英国人的最佳手段。因为一旦英国人违背官方意志,官方采取禁止其开展茶叶贸易的手段就可以使他们屈服。

在东印度公司忍受广州贸易体制期间,兰开夏地区的棉纱工业在19世纪的30年间实现了由飞梭织布机向水力织布机的转变,由此带来了生产力的大幅提升,这使得印度市场已经不能满足需求,英国还急需打开中国市场。

英国想将中国变成第二个印度。此时,在广州从事鸦片走私的地方贸易商开始响应这一诉求。

可以说鸦片商是东印度公司的私生子,是钻广州贸易体制空子的走私者。他们的贸易远远超过了东印度公司,毋宁说,他们充当了东印度公司"扶养人"的重要角色。尽管如此,作为走私商人,他们还是处在一个不光彩的角落。出于这个原因,他们开始与兰开夏棉纱业者、曼彻斯特商人合作,努力将中国市场从东印度公司的垄断中解放出来。

就这样,英国也于1834年(道光十四年)放开中国市场的自由贸易,东印度公司只负责从广州到伦敦的汇票兑换业务,自由贸易商一下子涌入广州。

1831年,刨除葡萄牙人、印度人和波斯人,广州夷馆的外国人总数为83人。其中,英国除东印度公司的20人,共有32人,商会5个。1837年,外国人总数达213人,其中英国人158人,商会激增至17个。由此可以窥见自由贸易商纷至沓来的景象。

打破广州体制

蜂拥而至的自由贸易商并非是将兰开夏的棉织品销售给中国,他们无一例外迅速投入到最赚钱的茶叶出口和鸦片走私贸易中。当然他们也曾尝试过开展棉线和棉织品的贸易,但是没法像走私鸦片那样盈利。

印度之所以能够很快成为兰开夏棉布的市场,是因为印度处于英国的统治之下,英国将印度的进口关税控制在2.5%。但中国需要征收20%至30%相当于从价税的各种进口费用,

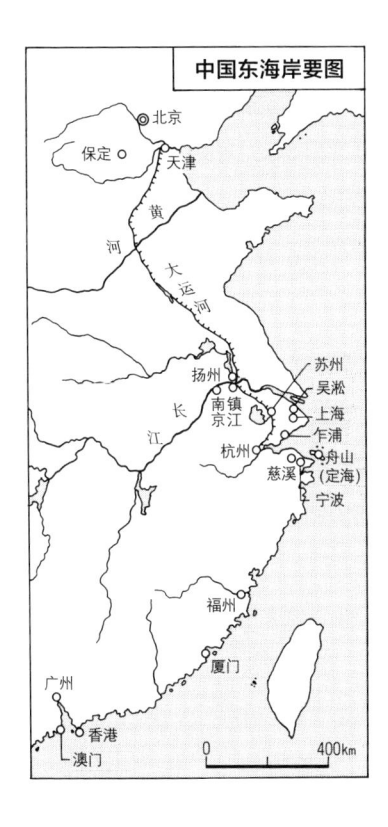

所以与中国的棉布、棉织品比起来，英国棉布无法具有价格优势。

由印度传入越南的棉花种植以及将其做成棉线和棉织品的技术早在元代已传入中国，明代开始在中部和北部地区普及，上海附近是棉花的主产地。起初，在广州贸易中，上海一带织成的棉布被称为"南京木棉"出口至国外，为英国、美洲殖民地以及南洋群岛所使用。后来，广州附近也开始生产棉布，它的原料进口自印度。此外福建、广东、广西等非棉花产区的农民生产自用棉布的原料也是进口自印度。

进口关税高导致棉布价格也高，中国人所不习惯的兰开夏棉布并没有像流入印度那样大量流入中国市场。因此，与其向中国输入卖不掉的棉布，集聚在广州的商人更热衷于容易获利的鸦片走私和茶叶出口生意。

期待落空的兰开夏棉纱业者和曼彻斯特商人将失败归咎到广州贸易体制上。他们认为，要想使棉织品进入中国市场，必须打破这一体制，并开放广州之外的其他对外贸易口岸。

另一方面，尽管自由贸易使得同伴变多了，但仍旧摆脱不了灰色身份的鸦片商人也希望打破广州体制，让鸦片贸易获得官方认可。他们一直期望能获得与自身经济实力相匹配的社会地位和待遇。

希望打破广州体制的还有一股最强大的势力，那就是英国的国家权力。

在东印度公司贸易时代，中国以茶叶贸易为缰绳使得东印度公司按照自己的意愿行事，而当中国贸易由东印度公司垄断转变为自由贸易后，英国政府开始向广州派遣贸易监督官，命其监督贸易。

贸易监督官是英国国家权力的代表，与东印度公司的代表不是一个概念。处于欧洲领导地位的英国的代表，当然会要求与自身地位相匹配的待遇。但中国官府对待这个国家代表的方式也与对待东印度公司一样，不允许其和中国官方进行直接对等的交涉，规定其文书要按民间人士向官府提交文书的格式（一种称为"禀"的文书样式，同时也是下级官僚向上级官僚提交文书的格式，相当于日本的请愿书）书写，并经由行商提交至官府机构。毫无疑问，贸易监督官拒绝了这一要求，没能从澳门顺利进入广州。英国的国家权力要想与中国交涉，首先不得不打破这一现有体制。

林则徐

广州有三股试图打破广州体制的势力。然而此时，中国开始采取强硬手段打击鸦片走私。

上文曾提到，此前禁止鸦片走私只是流于形式。巡视船船长为收取贿赂，亲自到访走私船，和走私船商量好后，事先提走若干箱鸦片，然后再向上头报告说已缉拿并没收走私船，进而索取奖赏。这种做法很常见。巡视船自己就在从事鸦片走私交易。那些收受贿赂的广东总督、巡抚也成为商人的代言人。

然而，1838年（道光十八年），鸿胪寺卿（鸿胪寺长官，鸿胪寺是接待外国使节的机构）黄爵滋上奏朝廷，痛陈鸦片走私造成的白银外流以及给财政带来的危害。为了禁绝鸦片,他提议朝廷下令人们在一年内戒掉鸦片,一年后仍吸食者将被判处死刑。由此清朝当局者也开始意识到鸦片问题的严重性,便将奏文誊抄后送往各省总督、巡抚处,以征求意见。

林则徐此时正担任湖广总督。他于1785年(乾隆五十年)出生于福州附近的侯官县。1811年(嘉庆十六年),时年27岁的他进士及第,此后在官场连续晋升,1832年(道光十二年)出任江苏巡抚,1837年(道光十七年)年担任湖广总督。

林则徐非常赞成自己亲密诗友黄爵滋的奏文。他认为,事到如今采取寻常手段已不再奏效,只有采用严刑才能重振漫无法纪的人心。他在阐发自己观点的同时,也立刻在自己的管辖范围内厉行禁烟。

林则徐

手执弓箭的道光帝

也有观点认为，如果征收进口关税，公开允许鸦片进口，改用物品而非白银进行支付，那么财政收入就会增加，且白银也不会外流。但是清朝当局对林则徐的意见很感兴趣，特意召他进京，直接回答皇帝的询问。最后，林则徐被任命为钦差大臣，前往广东负责取缔鸦片走私事宜。

但黄爵滋和林则徐的奏文都只谈到采取严厉惩治手段禁止国内吸食鸦片，而没有提到严禁走私鸦片。黄爵滋甚至说道，只要国内有吸食鸦片者存在，鸦片走私就在所难免。比起严禁鸦片走私，他更重视的是消除国内的鸦片吸食者。既然如此，那么皇帝为何命令林则徐严禁鸦片走私呢？林则徐连日八次觐见皇帝，每次都用 30 分钟左右的时间回答质询。可以想见，他应该是在与皇帝的问答过程中想出了禁止鸦片走私的方策。

林则徐迅速离开了北京，于1839年3月上旬抵达广东赴任。

厉行禁烟

在得知林则徐身负禁烟使命即将来广东后，广东的鸦片管制加强了。但鸦片商人推断这次肯定还是跟以往一样，不久就会弄得含糊不清、不了了之，而且他们在背后应该还可以做一些疏通工作，因此他们对林则徐的到来是不屑一顾的。但林则徐态度严明，并不允许丝毫的妥协。

林则徐刚到任不久，便命令外国商人上缴他们伶仃岛货船上的所有鸦片，并带兵包围了商馆区。

当时，英国的贸易监督官是第四任查里·义律。他是英国新兴资产阶级的代言人，因痛感鸦片贸易在道义上是耻辱的，再加上出于保护鸦片走私的内疚，偶尔也会出面干预，但却招来鸦片商的攻击——"监督官没有管制鸦片贸易的权限"。监督官之所以没有被授予管制鸦片贸易的权限，是因为鸦片贸易以印度为媒介，与英国棉纱业者的利益密切相关。

义律在得到这个消息后，从澳门赶到黄埔，让鸦片商交出两万余箱鸦片，并向他们保证英国政府会给予相应补偿。林则徐在虎门将这些鸦片混入海水和消石灰后倒入海中。

林则徐还命令外商提交保证书，承诺以后不再输入鸦片，若发现仍私运鸦片，将没收船上所有货物，犯人交由中国官府处置。

美国商人提交了保证书，获得了贸易许可。但义律向英国政府报告说，没收鸦片是掠夺行为，英国有权要求赔偿。鸦片商也向英国政府控诉中国突然打压长期以来一直默许的鸦片贸易是没有诚意的行为，包围商馆则是非法行为。

为防万一，义律向澳门的葡萄牙总督求援未果后，又请求印度总督派遣军舰，接着拒绝提交保证书，带着英国商人撤退到澳门。

进入7月份后，香港岛发生了醉酒英国水手殴打并杀害一名中国人事件。要求引渡犯人而遭拒绝的林则徐大怒，令葡萄牙总督将英国人逐出澳门。

被逐出澳门的英国人乘船向香港转移，开始了船上生活，但由于清朝严格的监视，出现了燃料、水和食品短缺，且没有军舰保护。

8月末，一艘军舰从印度出发抵达香港，紧接着第二艘军舰抵达。10月，义律虽反对英国船只提交保证书，但赞成缴纳税金、接受货物检查、在珠江江口川鼻进行贸易的做法。也有英国船私自提交保证书进入黄埔。

而林则徐则要求英方引渡杀人犯和船上中国人、停止鸦片贸易。他发出了以下通告：如若不遵守规定，将会派军船到香港包围英国船，并予以抓捕。

为阻止更多的英国船入港黄埔，11月初，义律与两艘军舰一起抵达川鼻，并在这里和中国军船发生了冲突。

平英团

林则徐在澳门收集情报，试图利用英美两国商人间的不和来制衡英方。此外，他还将那些之前从事走私相关工作、因严禁走私而失去生活手段的沿海渔民组织起来，编成义勇水兵，令他们的生活安定下来，以防他们被英国利用。

冲突发生后，中方采取的战术是，派军船在夜间靠近英国船并将之烧毁。也有说法是，擅长潜水的广东人潜到英国船底部，在船底打洞，使英国船沉没，但这当然是不可信的。不过自1839年至1840年年中，林则徐将英方追逼得无路可走却是事实。

然而，当1840年6月英国的远征军抵达之后，形势开始扭转。

上文曾提到广州有三股意图打破广州体制的势力，分别是鸦片商人、兰开夏棉纱业者、英国外交部（外相为巴麦尊）。对三者而言，若能创造动用武力的契机，反倒是最好的。当然，这一主张在议会中遭到了格莱斯顿等人的强烈反

英国海军占领川鼻岛

对。但1840年3月，出兵以九票的优势获得通过。6月，由查理·义律的堂兄乔治·懿律率领的远征军抵达广东水域。

乔治·懿律和查理·义律分别担任正、副全权代表，共同率领远征军一路北上，占领舟山的定海，并在8月抵达白河口的大沽口。他们向中国皇帝递交了巴麦尊的照会书（要求赔偿被没收的鸦片，给英国使节提供文明国待遇，保证英国商人的安全以及割让相关岛屿，支付行商债务和远征军费用），声称不惩办那些收受贿赂和捞好处的官员，并在没有发出警告的情况下直接采取严厉措施是不当的。

与英国交涉的是直隶总督琦善。他向朝廷进言，应通过让步解决眼下难题，罢免国法忠实执行者林则徐的职务，交由刑部审议。上岸与琦善交涉的查理·义律看出琦善是比较好说话的人，于是南下广州，与为此次交涉而转任两广总督的琦善谈判。乔治·懿律中途退出，由查理·义律担任全权代表。

次年1841年1月，义律和琦善缔结了《川鼻条约》。内容如下：（一）割让香港；（二）赔偿600万银元；（三）允许英清两国直接对等交涉；（四）1841年2月1日前重新开放广州贸易。这一条约遭到中英双方共同否决。清政府见英军南下，强硬派意见占了上风，琦善遭免职并被没收财产。清政府后派奕山（清朝皇族，后成为黑龙江将军，缔结《瑷珲条约》，以致清失去黑龙江以北领土）作为靖逆将军来到广州。

战争再次开始。英军攻陷珠江沿岸炮台，入侵广州，并占领商馆区。3月虽短暂休战，但当英军看到奕山的军队集结在广州后，又再次发动攻击，占领了广州西北的城外高地。

5月末，掌握广州生死命运的奕山以支付600万银元、集结在广东的外省军队和英军撤退为条件，与英军达成了休战协议。这600万银元中的200万出自广州民众。

当时，驻扎在广州的外省军队不但没有战斗意志，反而进行各种抢掠暴行，让广州民众苦不堪言。广州市民组成"城厢社学"，近郊农民组成"升平社学"等自卫团体，以对抗外省军队和英军。尤其是针对那些抢掠鸡、猪、牛和对妇女施暴的英军，广州西北郊外一百多个村子的农民一万余人举起"平英团"的旗帜，在三元里围击那些从广州西北高地撤退下来的一千多名英军，致使英军多人死伤。在应义律之请赶到的广州知府的劝说下，他们才将包围解除，英军侥幸逃脱了全灭的命运。心怀恐惧的义律匆匆将军队撤回海上。

南京条约

巴麦尊召回查理·义律，又派出璞鼎查（Herry Pottinger）担任全权代表。8月，璞鼎查经由澳门到达香港，并率领舰队北上，占领厦门、定海、镇海、宁波。第二年（1842年）的春天，他再次发动进攻，占领余姚、慈溪、奉化、乍浦，随后又进入长江，6月占领吴淞、上海，7月占领镇江，直逼南京。

英军在这些被占领之地也不乏抢掠等暴行，但并没有像广州那样出现市民和农民的反抗运动。上海的农民主动将鸡等食物送给英国兵以获得"大英护照"，并贴到家门入口处，成为免遭抢掠的护身符。

清政府派耆英、伊里布（都是满人。耆英历任总督、大学士，之后因第二次鸦片战争同英法军队交涉失败，被迫自杀。伊里布在条约签订第二年病死）等进行交涉，在英国军舰"康华丽"号上签订了《南京条约》，次年1843年7月，双方在香港交换了批准书。

《南京条约》主要内容如下：（一）割让香港岛；（二）开放五个通商口岸；（三）在开放的通商口岸设领事；（四）赔款，行商欠款300万银元，鸦片赔款600万银元，战争开销1200万银元，合计2100万银元；（五）废止清政府的公行贸易垄断；（六）进口征收一定且适当的关税税率；（七）地位对等的英清两国官员平等。除第四项，其他规定都是为打破广州体制、废除清政府原有的公行贸易制度、确立欧式外交通商关系而采取的举措。这种外交通商关系借由《南京条约》的补充条约——《五口通商章程》和《虎门条约》进一

英舰"康华丽"号上的《南京条约》签署场景

步具体化。

英国人可以自由与家人一起在通商口岸居住、开展贸易、建造房屋、使用佣人，进出口关税也被固定在从价的5%，从而避免了税关官吏随意课税和要求行贿等弊端。

美国也仿照《南京条约》，于1844年7月在澳门附近的望厦与清政府签署了《望厦条约》，10月，法国与清政府在黄埔签署了《黄埔条约》。

这些条约均有"最惠国待遇"条款，即如果将来其他国家与中国签署条件更优越的条约时，他们也将无条件适用该优惠条款。

《南京条约》是英国通过武力强加于中国的条约，包含了致使中国陷入外交不平等的半殖民地地位的条款。其中最为明显的是丧失关税自主权和承认领事裁判权。同时，承认由英国领事负责监督英商缴纳关税，为此后英领事介入海关行政埋下伏笔。而美国在《望厦条约》中获得的沿岸贸易权，英法两国也利益均沾。不仅如此，允许在通商口岸设居留地，这相当于允许其发展为脱离中国主权的租界。此外，中国还允许外国军舰停靠通商口岸。但英国要求中国公开允许鸦片进口，中国未予同意。

就这样，东亚大国中国的国门被打开了。

第六章　广东民众的抗英运动——"亚罗"号战争[①]

中国之弱

鸦片战争期间英军的力量为：军用帆船16艘、装载火炮540门、武装汽船4艘、军队运输船1艘、运输船27艘、军队共4000人。就是这么小规模的远征队，打破了拥有4亿人口的中国的传统体制，迫使其开国。

毫无疑问，这首先是因为英军武器更具有威力。

以18到19世纪欧洲几乎全民参战的拿破仑战争为分水岭，欧洲的武器、战术和兵制发生很大变化，实现了向近代化的转变。拿破仑战争中的大炮是用铣铁铸造，在炮身前端装入火药和炮弹的旧式兵器，步枪也是这样，虽然是通过扣动扳机击打打火石进行发射，但也是从枪身前膛装入子弹。

在战术方面，步兵、骑兵、炮兵三兵协同作战的战术是

---

① 即第二次鸦片战争。——编注

在这次战争中诞生的。另外，就兵制而言，在拿破仑战争之前，实行贵族担任高级将领、士兵由下级将领进行招募的雇佣兵制。但在这次战争中，实现了以全民为对象的征兵制。

战后，前膛装弹的步枪变为枪筒内部带膛线的后膛装弹步枪，发射装置为扳机针头击打雷管的来福枪被制造出来。虽晚于步枪，大炮同样也变成了带膛线的后膛装弹钢炮（据说，俄国在克里米亚要塞中首次使用。这也是英法军队在进攻克里米亚的塞瓦斯托波尔要塞时感到棘手的原因）。但是，新型步枪的普及是在美国南北战争时期（1861—1865年）。1866年普奥战争中，使用无膛线旧式火炮的奥地利军队败给了使用新式火炮的普鲁士军队。由此可以想见，鸦片战争时期欧洲军队的装备并没有那么先进。

拿破仑战争之后，出现的重要装备是军舰。汽船出现于19世纪初期，再后来成为军舰。但当时的汽船两侧装着水车（明轮），在战争中，水车容易被敌弹攻击从而不能使用。因此，汽船作为军舰可以使用是在19世纪30年代螺旋桨取代明轮之后。但这个转变并不是一蹴而就的。

由此可见，鸦片战争时期，英军使用的大炮恐怕是没有膛线的前膛装弹旧式火炮，步枪也并非来福枪。尽管如此，跟中国的武器比起来还是先进多了。林则徐和他的幕僚为火炮和汽船所震惊，战争结束后也开始积极引进。

然而，中国的弱小并非武器的落后，而是传统体制的落后。传统体制将国民尽可能地打散，以防他们拥有强大的组织，并以此来维护统治的安全。这种体制的国家，即便是面对为数不多的外敌,一旦被敌人的矛头对准统治体制中心,也很容易一下子被打败。在国民中没有根基的权力拥有的只是一小撮人的力量。

民众意识

清朝政府在鸦片战争中很快就屈服了,但是有一群人对战败表示愤慨和不甘心。他们就是广州西北城外的农民。虽然是农民组织,但其核心人物是读书人。1841年5月30日至31日,他们在三元里围击了一千余名英军,差点就要将敌人(连同匆忙赶来的义律在内)全部歼灭。他们就是被称为"平英团"的一群人。

然而,广州知府余保纯受义律之请,前去劝说农民解除包围,英军这才得以脱险。之后,璞鼎查取代义律成为英军统帅,他率领英军一路北上,并占领沿岸各城市。得知此情况的

三元里抗英烈士纪念碑

广州城外农民颇为悔恨在三元里亲手放走了英兵。如果那时将英兵彻底剿灭就不会出现后来的局面。与此同时，他们也特别怨恨千方百计说服他们放走英兵的余保纯。在当年秋季的童试之际（科举考试第一阶段的考试。合格后即可成为生员，即县学学生。生员即所谓的秀才），考生们抵制余保纯担任主考官，并跟在其回衙门的轿子后面一路辱骂，还向其扔石头。

也正因为如此，尽管清政府在《南京条约》中屈服了，但他们却丝毫没有战败意识。所以，虽然《南京条约》中重新规定广州作为贸易港口对外开放，英国人在新制度下继续居留在以前的广州夷馆，但广州民众却没有按照新制度来对待他们的意思。居留地外国人在新条约中获得了更多权力，他们可以在居留地附近自由活动甚至可以到郊外出行，但每次都遭遇中国人辱骂、扔石块，有的甚至被杀害。

特别是离居留地很近的广州城坚决禁止外国人入内。广州体制时代，毫无疑问外国人是被禁止入城的，但鸦片战争以后，广州市民仍然不允许外国人入城。

三元里事件后，广州附近的农村进一步强化了自卫组织。这些农村联合起来结成了"社"，产生了"社学"。"社学"原本是"社"的学校，后来成为"社"的自卫组织中心。除了这些之前已有的自卫组织，新兴自卫组织也在各地陆续诞生。三元里的成功使得他们情绪高涨，意气风发。自卫组织在战后也延续了下来。

除了郊外，广州市内也召集学徒、伙计，成立了"自警团"。

外国人之所以无法进入广州城，并在郊外被扔石子，甚至被杀害，正是因为这些意气风发的"自警团"。

不仅是广东，北京的清政府在战后也变得很排外。由于《南京条约》是英国通过武力强加于清政府的，它的缔结仅是出于暂时躲避英国强劲势头的需要，所以就清朝自身而言并没有遵守条约的意向。

鸦片战争后，两广总督开始兼任钦差大臣并负责外交事务，在北京和广东的这般情形之下，他们也只好拿出排外的姿态。

亡命之徒

鸦片战争期间，英国舰队两次北上，鸦片船紧随其后。兰开夏的资产阶级和英国政府在鸦片商这个恶魔的推动下打开了中国门户。然而，百分之百利用这个通商门户的还是鸦片商。

鸦片战争并未促使鸦片输入得到正式认可，但实际上，鸦片进口基本处于一个默许的状态。鸦片收货船公然进入上海吴淞口后，将鸦片兜售至长江流域。鸦片战争解放了罪犯。

鸦片战争中，那些判断清政府和官员不及英国等外国势力，认为外国人更得力的中国人，欣然将后者作为靠山。

因此，有中国人支付一定的费用，在香港注册登记自身船只，加入英国国籍，并插上英国国旗。法国和美国的领事馆也允许中国人付费使用它们的国旗。

另外，住进外国人居留地，改信基督教从而进入传教士保护范围等做法也是他们为寻求外国或外国人靠山，逃离中国官府所做出的尝试。

在外国势力的冲击面前，清政府和其官僚的无能暴露出来，由此引发另一个中国人的行为模式：无视清政府统治下的秩序，走向反体制运动。从积极方面来看，这是反对清政府的革命运动；从消极方面来看，这是团伙抢掠地主、富豪的匪贼和海盗行为。

本来，广东、福建两省耕地稀少，再加上广州贸易带来了商品经济的发展，因而贫富差距严重，无产者很多。他们中有不少移居台湾、南洋等地的人，鸦片走私和海盗活动很是寻常。海盗活动甚至成为沿海贫困渔民的副业（在渔村的十字路口，头领男子高喊："喂，该走了！"立即便会有一队人马集合，开始海盗活动，并分配猎物）。随着鸦片战争期间所募集的军队的解散，以及广州垄断贸易时期那些靠着在广州和内地之间运送茶叶、丝绸和鸦片谋生的人在五港开埠后失去谋生手段，这一地区社会的不稳定性加剧了。这些不稳定的社会阶层趁着清朝政治权力的衰落，开始从事匪贼、海盗活动。

因此，外国船开始收费护送中式帆船（junk）。用于护送的外国船通常是在香港登记注册的西式船体外加中式装备的"三桅帆船（lorcha）"。但是，船上的外国船员素质败坏，经常进行海盗式的抢掠和暴行。

总而言之，鸦片战争解放了鸦片商这些亡命之徒，削弱了清朝的统治，也解放了中国的亡命之徒。

期待落空

鸦片战争虽成功打破了广州的公行贸易体制，但战后欧洲各国和中国的外交关系还是处在不稳定的过渡期。欧洲各国无法直接和清朝政府交涉，只能通过作为钦差大臣负责外交事务的两广总督。

满洲人耆英任两广总督时期，对加害英国人的中国人处以重刑，与英方达成妥协。1848年，徐广缙（1797—1858年，河南鹿邑人，嘉庆二十五年进士，在与太平军、捻军作战中牺牲）继任两广总督，叶名琛（1807—1859年，湖北汉阳人，道光十五年进士）任广东巡抚。在清政府排外之风渐长和广东排外风潮的背景下，他们并未同意身为英国政府代表的香港总督文咸进入广州城交涉，驳回其要求。道光帝对此表示赞赏，授予徐广缙一等子爵，授予叶名琛一等男爵。对此表示愤慨的巴麦尊托付文咸，将写给北京政府的抗议书送至天津白河口，

耆英

但被拒收。

北京的排外方针在1850年道光帝去世、咸丰帝即位后，进一步加强。1852年，徐广缙转任湖广总督、叶名琛接任两广总督后，更是不受理与外国使臣的面对面交涉。

出于以上原因，英国政府痛感到，要想和清政府直接交涉，有必要在北京派驻使臣。

兰开夏的棉业者和曼彻斯特的商人也因为期待落空而感到失望。这是因为仅有棉线或多或少地进入了福建和广东两地。尽管进口关税被压低至5%，但中国的手工棉线布料仍然具有可以和兰开夏棉布竞争的价格优势，而且中国棉布也更为符合中国人的喜好。

兰开夏棉业者和曼彻斯特的商人开始期待打开长江流域和华北的港口，从而进一步扩大棉织品市场。此外，鸦片商人也渴望能够达成长期以来让鸦片输入合法化的心愿。

也就是说，各怀期待、发动了以打破广州贸易体制为目的的鸦片战争的这三股势力，在战争结束后，无一例外期待落空。为达到目的，他们开始思考接下来要采取的手段。

正好《望厦条约》《黄埔条约》有12年后重新修订的规定。英国根据最惠国条款规定也享有同样的权利。于是，英国在1854年提出修订请求。

正如下一章即将谈到的那样，当时恰好赶上太平天国占领南京，清朝正面临革命危机。英国乘虚而入，联合美法两国，三国共同开始条约修订的交涉。然而，叶名琛依照惯例不予会面。他们只好北上与江苏巡抚、直隶总督交涉，仍是没有着落。

这样一来，只有通过武力来解决。而当时的英法两国正忙于与俄国的克里米亚战争，没有余力。但1856年克里米亚战争结束后，形势发生改变，它们只要一有机会便会武力发动战争。

"亚罗"号事件

此时，"亚罗"号事件发生了。

1856年（咸丰六年）10月8日，清军登上停靠广州的三桅帆船"亚罗"号，降下英国国旗（这是英国方面的说法，中国方面的说法是国旗压根未升起），逮捕12名有海盗嫌疑的中国船员。"亚罗"号是在香港注册登记的中国人持有船只（三桅帆船的登记有效期为一年，而"亚罗"号的登记有效期早就过了）。

英国领事巴夏礼声称，侮辱英国国旗、侵入相当于英国领土的英国船只是对治外法权的侵犯，他向叶名琛提出以下要求：（一）书面道歉；（二）保证以后尊重英国国旗；（三）当着领事的面将12名船员引渡到"亚罗"号上。叶名琛将还在接受调查的3名船员之外的其余9名交还了回去，并表示香港不应收取费用允许中国船只登记。经过多次交涉，巴夏礼于10月21日发出最后通牒：若仍不能完全满足要求，将于27日出动海军炮击总督衙门。叶名琛向民众公开悬赏，呼吁将"英国的恶汉们"全部杀掉。其实在很早以前，就有斗志满满的民众纵火烧商馆、袭击英国船。

在英国政府内部，主张强硬政策的巴麦尊内阁解散了持反对意见的议会，决定出兵，并向法、美、俄三国请求协助。

法国正因广西天主教传教士被杀事件与清政府进行交涉，驻外机构的人员希望可以平稳解决，但充满野心的拿破仑三世却与英国步调一致。虽然美国希望修订《望厦条约》，俄国希望缔结新的通商条约，但他们一边保持中立，一边渴望达成目的。

就这样，英军以额尔金为全权代表，法军以葛罗为全权代表，开始进军东亚。此时，印度发生士兵叛乱（Sepoy），英军不得不派出一部分力量到加尔各答。1857年7月，英军抵达香港，10月，法军抵达，11月，英国补充部队抵达。

英、法、美、俄四国达成了一致行动协议。12月，英法联军攻陷广州，捉拿到叶名琛，将其送至加尔各答。

次年1858年2月，四国申请在上海与清朝全权代表进行交涉，但遭到拒绝。4月，他们集结在白河口，传达了希望在北京或者天津会商的意图。清政府无奈之下，派谭廷襄任直隶总督兼钦差大臣出面交涉。但四国以文书格式不平等、非全权代表为由，占领大沽炮台，并于5月底在天津登陆。

于是，清政府派出桂良、花沙纳作为全权钦差大臣，与俄、美、英、法四国分别签订了《天津条约》。

英国占据了中国贸易的过半市场，因而希望能够达成派使节进驻北京、开放长江、开放外国人内地旅游等条件，其要求最为强硬。和桂良等人进行交涉的是翻译官威妥玛和李泰国。李泰国盛气凌人的态度惹恼了清国全权代表。相反，俄国全权代表普提雅廷因在英清两国间调停，博得了清国的欢心。当然，法、美、俄三国都在条约中加入了最惠国待遇条款，对英国获得的权利进行利益均沾。

四国的《天津条约》签订后不久,美国又与日本签订了《日美友好通商条约》,随后,俄、英、法三国全权代表也都分别来航日本,缔结通商条约。

额尔金从日本回来后,在上海议定《天津条约》的税则问题,并一路沿长江航行至汉口,在选定开埠港口后回国。法国的葛罗接着也回国了。

北京之路

根据《天津条约》,一年之内将在北京交换条约批准书,于是英法两国分别派出驻华公使普鲁斯、布尔布隆。

然而,对清国而言,《天津条约》只是为了让英法军从天津撤退的权宜之举,至于条约内容本身则很难接受。于是,清政府命桂良等人在沪交涉条约撤销、修订事宜,并在沪交换批准书。但普鲁斯、布尔布隆以及美国公使华若翰并不买账,于1859年6月抵达大沽口。

在沪换约交涉失败后,无奈之下,清政府只好允许他们中的极少数人在北塘着陆,由陆路进京。但英法公使果断拒绝

英法联军占领大沽炮台

蒙古将军僧格林沁

了清政府的安排，坚持让舰队经大沽口溯白河进京。大沽口早已在清国勇将僧格林沁（蒙古科尔沁旗贵族，大败太平天国北伐军）的驻守和俄国的援助下加固了防守，护卫普鲁斯的何伯（贺布）麾下舰队试图突击，却遭受重创，被击退。

美国公使华若翰想要遵从中国指示进京呈递国书，但因叩头问题（清国臣下谒见皇帝时行的三跪九叩礼。三次跪地，每次向地面磕头三次）而未实现，后折返北塘，在北塘完成换约。俄国的伊格那季耶夫从恰克图由陆路入京，5月份完成换约，并作为公使驻留北京。

英国政府在接到大沽炮台战败的消息后，再次派出额尔金。法国此时深陷为帮助萨丁尼亚而与普鲁士的战争中，但也派出了葛罗。1860年8月，联军从北塘登陆，攻陷大沽，进入天津。

清国政府为阻止联军进入北京而展开交涉，但额尔金始终坚持要到北京把国书交给皇帝。于是，清国政府命僧格林沁进行防守，并抓捕了负责交涉的巴夏礼等多人。

联军打败僧格林沁军队，9月下旬逼近北京。咸丰帝在主战派的拥护下逃往热河，留下29岁的皇弟恭亲王奕䜣来应对这一重大时局。

恭亲王表示，联军如若进军北京，那巴夏礼等人将性命不保，试图以此牵制联军。10月初，联军攻占了北京西北郊外的圆明园，并展开了掠夺。为此，清政府内部要求处决巴夏礼等人的呼声很高，但恭亲王奕䜣为了讲和，将他们送还。不过由于遇难、疾病等因素，生还者只有半数。

巴夏礼等人被送还后，联军随即要求开放安定门以进入北京城，最后实现了要求，顺利进城。联军当局对俘虏只有半数生还颇感愤怒，想出了很多报复的方式，额尔金为了损害皇

遭联军破坏的圆明园西洋建筑

帝的自尊心烧毁了圆明园。恭亲王等留守大臣也想就此逃亡，但在伊格那季耶夫的劝说下打消了念头，开始与英法两国谈判，分别批准了《天津条约》，并签订了《北京条约》。而伊格那季耶夫则很好地利用这一机会，与清签订了《中俄北京条约》，获得了沿海州（滨海边疆区）。

当时，因白河临近结冰期，联军也担心恭亲王等人逃亡后失去谈判对象，在伊格那季耶夫的居中调停下，事情得到顺利进展。

新条约的结果

英国将国家代表派驻中国，打破了中国的大中华国际观以及基于此的外交模式，使得中国承认欧洲式的国际平等外交，但最终还是凭借武力将不平等条约强加于中国。《天津条约》《北京条约》的签订宣告了这一任务暂告一段落。

《天津条约》重新确认了《南京条约》《望厦条约》《黄埔条约》的各项规定，或者说是使之更加明确了，并予以强化和扩展，新增了以下条款：

（一）外国使臣进驻北京。在广州问题的交涉过程中，英国痛感到与清政府直接交涉的重要性。而这一点在英国的强烈要求下终于实现了。但由于清政府方面的强烈反对，在《天津条约》签订后的上海关税议定会议上，英国同意缓和实施，并在《北京条约》第二条中将之删除。最终，1861年，清政府内部设置了负责与外国使臣交涉、处理通商外交事务的总理衙门（正式称谓是"总理各国通商事务衙门"，总理各国通商事务的

总理衙门的大臣们

机构），以恭亲王为首，由军机大臣和六部尚书、侍郎兼任总理衙门大臣。此外，还设立了教学外交所需外语的同文馆。

（二）长江航行权（《中英天津条约》第十条）。开放内河用于外国贸易，是独立国史无前例的做法，也是半殖民地的特征之一。此外，在长江流域开放镇江等其他两港。

（三）增加开埠地点。开放渤海湾岸、长江岸、台湾、海南的港口。

（四）内地旅行权（《中英天津条约》第九条）。持有领事发行、清国地方官认可的旅券可从事以商业、娱乐为目的的内地旅行活动。

（二）、（三）互为补充，使得中国全境面向外国贸易开放。

（五）公开允许鸦片输入（1858年10月至11月的上海关税会议上）。规定一担鸦片收取进口关税30两。由此，鸦片商

罗伯特·赫德

人长期以来的愿望终于实现了。这也是因为,征收鸦片关税可以为在与太平天国交战中财源枯竭的清政府增添新的财源。

此外,《中英北京条约》的签订,使得天津开埠、九龙半岛被割让给英国。《中法北京条约》(第六条)明文规定,返还1846年(道光二十六年)没收的天主教相关建筑、墓地。在《中法北京条约》第六条的中文版本里还增加了法文版本中没有的一句话:法国传教士可以在各省自由购买、借用土地,修建房屋。众所周知,这是《北京条约》缔结时,担任翻译的天主教传教士擅自加进去的。

至于赔偿金问题,通过《北京条约》的签订,英法两国各自将赔款数额改为800万两,除了年内支付的一部分,剩下的大部分以海关收入的两成抵扣。由此,确立了以英国人李泰国、罗伯特·赫德为海关总税务司的外国人管理海关制度。

第七章　太平天国的革命与反革命

西太后

英法联军进入北京，咸丰帝逃亡热河。1860年10月，随着《天津条约》的换约和《北京条约》的签订，法军、英军先后撤离北京，但咸丰帝并未立即回京。次年1861年8月，他在热河去世，年仅31岁。

咸丰年间，清政府饱受内忧外患之苦。就国内而言，有下文要讲述的太平天国革命，而在对外方面又有趁国内分裂之机提出条约修订要求的外敌两次入侵直隶。

得到咸丰帝亲自任命，在咸丰后期拥有权势的是肃顺。他是开辟清王朝的清太祖弟弟的后代，作为引发咸丰末年对外危机的保守排外派的罪魁祸首，受到的评价非常不好。但他却也是个了不起的人物，他曾说过满族人只有受贿的能耐、吊儿郎当的个性，所以并不把他们当回事，相反他会重用一些有才能的汉人。

当时的政治体制是由军机大臣辅佐皇帝摄政，但咸丰末年的政治生态是，政治全部由肃顺一人掌控，军机大臣也追随他。

咸丰帝在热河去世后，他的儿子5岁的同治帝即位，暂时无法行使政治权力。咸丰帝的皇后慈安太后，也就是东太后，对政治相关的事并不是很有兴趣，而同治帝的生母西太后才识过人，有人认为应该由她辅佐同治帝处理政务。但肃顺等人认为，西太后是贵妃，地位较低，最后决定由他们八人辅佐皇帝。

然而，西太后对这样的安排并不满意。她出生于一个满族道台家庭，3岁时丧父，后由别人家抚养，成长过程中吃了不少苦头。16岁时她被选为秀女进宫，因才气和美貌深受咸丰帝喜爱，后诞下男孩，成为地位仅次于皇后的贵妃。

有才气的她似乎与同样有才气的肃顺不合，在咸丰帝去世后，她就拉拢留在北京处理对外危机的皇弟恭亲王奕䜣。1861年11月，她与同治帝一起先行回到北京，和恭亲王密谋，逮捕了抬着咸丰帝梓宫（天子的棺材，用梓木制成）正在回京途中的肃顺等人，并将其处刑，夺取了政权，发动了政变。

西太后命恭亲王为议政王大臣，在他的辅政之下开始了垂帘听政（根据中国的传统习惯，遗孀不得在男子面前露面，故皇太后拉下帘子听取政务）。持续了约50年的西太后执政生涯便由此开始了。

西太后政府的执政方向是将肃顺等人的保守排外政策改为对外妥协政策。同年1月设立的总理衙门和同文馆正是这一施政方针的体现。此外，朝廷还开始借助外国力量平定太平天国。

洪秀全

没有比外国势力介入国内纷争更加不幸的事了。虽说如此，当时的中国是满洲人征服汉人后建立并统治的国家，外国势力干预也是担心满洲人的统治权因汉人的太平天国革命而变得岌岌可危。但是，这场抗争的性质又不能简单地用满洲人同汉人之间的斗争来界定。

这是因为太平天国革命具备政治革命和社会革命双重属性。除了推翻满洲人的统治，还以打倒汉人社会里的官僚、地主、富商，让贫民吃上饭为目标。为此，太平天国杀戮官僚、

洪秀全（林德利著《太平天国》的封面）

地主、富商，抢夺他们的财物，烧毁传授道德、维系他们社会秩序的儒家经典，借用基督教平等、博爱的思想，声称天下是以天父耶和华为父的一家，天下的男女皆为兄弟姐妹。

出于上述原因，不仅满洲人仇视太平天国，汉人的官僚、地主、富商也对之感到憎恶。

太平天国的领袖是洪秀全。他于1814年1月1日（嘉庆十八年十二月初十）出生于广州北部花县的一个中农客家家庭。客家也叫"来人"，是自称为本地人的广东人对他们的称呼，意思是来自他乡的外来客。也就是说，广东人是秦汉时代从北方迁移过来的汉人，而客家人是晋朝至唐宋时期为逃避北方战乱逐步迁徙到南方并迁居广东东部的汉人。他们由广东又进一步迁徙至中国边境、南洋等地方。客家人就这样成为边境的开拓者，他们与广东人在语言和习惯上皆不同。而且因为他们是后来搬迁过来的人，所以普遍比较贫困，和广东人的关系并不好。花县有不少客家人。

洪秀全家在贫困居多的客家家庭里算是比较宽裕的。他跟随私塾老师学习，15岁参加童试考试，未能考上。后来又考了三次，依然没有考上。第四次应试时，他已经30岁了，这一年是《南京条约》签订后的第二年。他最终放弃了走仕途这条路。

据说，他在赴广州参加第三次考试时，从街头的中国人传道者那里拿了一份名为"劝世良言"的基督教宣传册，并仔细阅读了。第四次考试失败后放弃做官希望的他，将从《劝世良言》中读到的基督教教义和广东的民间信仰相结合，创立了新的教义，称自己是天父上帝耶和华的第二个儿子、天兄耶稣的弟弟，并四处传教："肯拜上帝者，无灾无难。不拜上帝者，蛇虎伤人。"

他成功将乡里同族的洪仁玕和同学冯云山说服为信徒，和他们一起，深入广西东南部，向以贵县、桂平县为中心的客家传教，并以桂平县的紫荆山为根据地组织拜上帝会。

革命怒涛

参加上帝会的多为贫农、烧炭工，主要人物有烧炭工杨秀清和萧朝贵、典当商韦昌辉、地主石达开、工人秦日纲、土豪胡以晄等。

其中，杨秀清是独眼，曾担任过搬运鸦片的护卫，在搬运工中间是个人脉很广的风云人物。

他从中国民间信仰的神灵附体中得到启发，不时声称上帝耶和华附着到他身上，并传达上帝话语。这也就是所谓的"天父下凡"。而杨秀清待为兄长的萧朝贵则自称天兄耶稣下凡附体，借机传达训示，即所谓的"天兄下凡"。"天父下凡"和"天兄下凡"通过暗示的方式招揽信徒，强化信众的信仰，同时也对团结信徒、指挥信徒起到很大作用。他们依靠庞大信徒拥有了很大的力量。

上文曾提到，鸦片战争结束后，福建、广东、广西一带盗贼、海盗活动猖獗，地主和富商组织名为"团练"的自警团进行自卫。其中便有一些盗贼在遭受团练和官府的镇压后逃入拜上帝会。本来，拜上帝会的信徒就是一群没有知识的穷人，

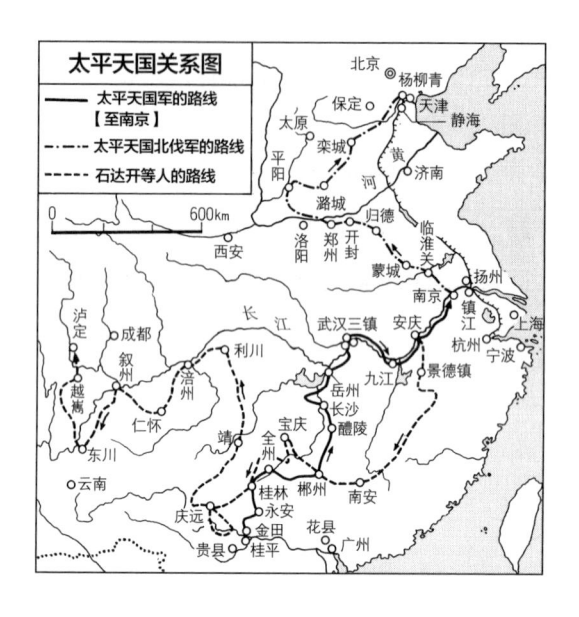

他们憎恨那些仗着有学问而威风凛凛的官僚、地主和富商，因而砸毁他们供奉在文庙、关帝庙里的孔子、关羽像，这些行为引发了地方权贵的强烈愤怒。而当盗贼逃入拜上帝会后，他们之间的对立变得更加尖锐。

于是，拜上帝会的干事决定举旗起义，并向会众发布公告：处理各自的财产兑换成钱币，带着钱币在紫荆山下的金田村集合。1851年1月11日（道光三十年十二月初十，洪秀全生日），拜上帝会举兵成立"太平天国"，立洪秀全为天王。

起义军起初在金田村附近与清军作战，9月份攻下了永安，杨秀清、萧朝贵、冯云山、韦昌辉、石达开分别被封为东王、西王、南王、北王、翼王，秦日纲、胡以晃被封为宰相。

与清军对阵的太平军

之后，太平军突破永安重围，途经桂林攻入湖南。他们本是由家族组成的部队，但当约一万名太平军进入湖南后，在贫农、搬运工、矿工、船夫等的加入下，力量变得更加强大（在广西参加太平天国的被称为"老兄弟"，进入湖南之后参加进来的人被称为"新兄弟"）。他们在各地占领州县，很快又弃城，继续前进。1853年1月他们攻下武昌，但2月即弃城而去。扩充至50万的太平军分水陆两路沿着长江一路向下游进攻，3月占领南京，将南京改为天京，并定都在此。一路下来，冯云山和萧朝贵战死。

南京驻扎着两江总督，是驻防八旗兵驻守的要地。但太平军在一周内便将其攻陷，并将两万多名旗人全部杀害，长江上浮尸累累。紧接着他们又攻占了扬州、镇江，阻断了大运河。

为之震惊的清廷不断惩处旧的讨伐将领，任命新的将领。

太平军攻占南京后，来追讨太平军的清军在南京南郊设江南大营，在扬州城外设江北大营，以备反攻南京之需。

由广西客家小信仰团体举起的革命旗帜，引起了长江流域众多无产者的共鸣，迅速发展成为一场大革命运动。

曾国藩

太平天国在南京停止了进攻，好不容易形成的气势被压了下去。

在南京安顿下来的太平天国派占领扬州的一支队伍进军北京，又派大队伍沿长江溯流而上，开始了北伐和西征。

北伐军于年底逼近天津，但败给了僧格林沁所率的蒙古军。

西征军在攻克了江西各州县后，于1854年年中再次攻占武昌，随后又再次进攻湖南，但被曾国藩麾下的湘军（起初被称为"湘勇"，意为湘乡县义勇兵。一开始大部分都是湘乡县本地人，但随着规模扩大，湖南其他县的人也加入了进来）所击退。

曾国藩，1811年（嘉庆十六年）出生于湖南省湘乡县的农民家庭，1838年（道光十八年）进士及第，咸丰初年担任礼部右侍郎。即便是在京做官期间，他仍跟随同僚学者唐鉴学习朱子学，由此可以想见，他是一名正直且一丝不苟的官员。他也曾和当时多数官僚一样吸食过鸦片，但后来痛下决心戒掉了。曾国藩就是这样的人。

太平军进攻湖南时，曾国藩正在家乡湘乡服母丧，但清

曾国藩

廷命令他到长沙组织"团练"（上文曾提及），于是他将同乡罗泽南号召乡里组织起来的团练迁往长沙，并以此为基础创建了湘军。

　　罗泽南是一名生员（秀才），曾在乡里开设私塾讲学，但因为太平军进犯，便将自己的弟弟和私塾的弟子立为队长，召集村里的子弟，组织团练，负责乡里的防卫。

　　太平天国西征军于1853年7月进攻江西首府南昌时，湘军首次出兵救援，但行动失败。曾国藩在强化湘军的同时还创建了水师，因为他注意到在河流、湖泊众多的长江流域战役中，水军是不可或缺的。

　　西征军在占领武汉后进攻湖南，湘军的水陆军与之交战，胜负难辨。但就在湘军将西征军击退到九江后,又与石达开的援军在鄱阳湖展开了交战,湘军战败。太平军继续挥师西进,于1855年初第三次占领武昌。至此,从武昌到南京的长江流域沿岸全部处于太平军的控制之下。

然而,就在次年1856年,太平天国高层人物在南京发生内斗。先是实力派人物杨秀清一家老小被韦昌辉所杀,随后韦昌辉又被洪秀全所杀,石达开也遭洪秀全疏远,率领部下离开南京。此时,太平天国的中坚力量只剩下李秀成和陈玉成(两人皆是广西藤县贫民出身,都原是太平军队伍里的兵士,后来崭露头角。陈玉成因双眼下面各长了块浅紫斑,被清军呼作"四眼狗")。

趁此之机,以湘军为首的反革命军再次击退太平军,收复了长江流域各大城市,包围了安庆和南京。

太平军被困在南京,粮草严重不足。1860年5月,趁着英法军队第二次入侵天津之际,李秀成带兵突破南京包围,奔向江南的平原。

李鸿章

曾国藩在担任两江总督后,将大本营设在南昌,包围了天京的最后防线安庆,阻断粮道,于1861年9月终于攻下安庆。城中一万数千人无一人投降。曾国藩后将大本营迁至安庆。

随着太平军进犯江南的平原,以大米、棉花、桑叶种植和棉织品、丝织品主产地闻名的中国经济中心重要地带归于太平天国。以地主和富商为首的大量避难者纷纷逃往上海居留地，居留地人口急速增加。搭建临时木板房，租给这些避难者居住的生意火爆起来。

逃至上海的地主和富商组织会防公所，派使者到安庆的曾国藩处，苦苦央求其派兵救援。1861年11月，统管江苏、安徽、江西、浙江四省军务的曾国藩一边让其弟曾国荃收复南京，让左宗棠（湖南湘阴人，道光十二年间的举人，私淑林则徐，在曾国藩麾下，率领由湖南人组成的楚勇，与太平军作战）收复浙江，一边命令李鸿章从上海出发夺回江南各城市。

李鸿章于1823年（道光三年）出生于安徽合肥的一个官绅家庭，1847年（道光二十七年）考取进士。他在乡里组织

太平天国时代的清兵

团练用于防卫，之后成为曾国藩的幕僚。性格豪放的他虽经常与曾国藩发生冲突，但却并不影响两人之间的关系。

从曾国藩那里接到救援江南的命令后，他在乡里募集军队，仿照湘军创立了淮军，在安庆展开训练。1862年4月，淮军乘坐上海会防公所整租下来的七艘英国汽船，从上海登陆。

当时的上海情势危急。太平军占领南京后不久，上海便涌现出小刀会（身在上海的福建、广东人所组成的天地会派系的秘密结社，头领刘丽川是广东出生的砂糖商人），占领城内直至1855年。不仅如此，太平军在进犯江南平原后，也频繁进攻上海。上海富商给美国籍船员华尔出资，让其招募外国船上的水手（菲律宾人），组建军队，与太平军进行作战。这就是所谓的"洋枪队"。所谓洋枪，指的是西洋式步枪。

华尔的出生地正是创作《红字》的作家纳撒尼尔·霍桑的故乡塞勒姆市（波士顿北方港口）。他是美国船的二等海员，最后却实现了在中国扬名的梦想。

洋枪队在上海附近与太平军交战，1862年2月被命名为常胜军。其时，常胜军已成为队员是中国人、将领则是外国人、规模达1200人的队伍。

在这之后不久，李鸿章就在上海登陆了。这个时候，通过《天津条约》和《北京条约》已与清朝达成妥协的英法军，在上海援助淮军和常胜军，在浙江援助左宗棠大军，出动武力干涉太平军。

就这样，淮军和常胜军（华尔于1862年9月战死在浙江慈溪，其部下继续作战，1863年6月英国人戈登接班，次年

5月在收复常州后解散常胜军）在李鸿章的带领下收复江南各地，1863年底终于攻破苏州城。左宗棠大军则收复浙江各城市，1864年3月夺取了杭州。两军并肩作战，将太平军封锁在南京。

天京末路

奉天王之命转战江北的李秀成听说苏州危急后，急忙赶去救援，但未能赶上，只好折回天京，劝天王转移至外国军和水师到不了的华北腹地，但其意见并未得到采纳。

意欲早日攻克天京的曾国荃在天京持续发动猛烈围攻。天京的粮道遭到截断，妇孺虽被放出城外，以节约粮食，但还是无法解决问题。天王下令兵士食"甜露"（一种说法是草上的露水，天王似是固执地认为这是天父赐予的食粮。另一种说法是甜露即草），相信天兵会下凡，却于1864年6月1日服毒自杀，终年51岁。幼天王继位。7月，曾军通过挖掘地道使得爆破成功，城墙倒塌。陷落后的天京处于曾军的肆意抢夺之下。

虽然李秀成护着幼天王逃脱了天京，但最后还是遭到逮捕，被送往曾国荃大营。曾国荃一见到李秀成，便想起他长期以来的顽强抵抗，顿时怒从中来，不顾一切拿起铁锥向他刺去。鲜血喷涌而出，李秀成却斩钉截铁地说："曾九，你何故这般做？大家不过各为其主罢了，你又何必这么怀恨在心？"

之后，曾国藩来到南京，他将李秀成带到跟前，予以优待，并让其写回忆录。这就是《李秀成传》。李秀成主动向曾国藩请求前去劝说太平天国残党投降，希望能够趁此机会逃脱，以图东山再起，但曾国藩并未应允，处死了李秀成。李秀成时年仅42岁。幼天王与安徽残留部队会合，在转战安徽、江西两省后，也遭逮捕，被杀害于南昌。

先前离开南京的石达开，率领部队由江西转战南方各省，进入四川，于1863年年中被消灭。

天京陷落后的残存部队在转战江西、福建、广东各省后，于1866年被左宗棠军消灭。

除此之外，当太平军在长江流域得势时，江北地区出现了捻军，他们在太平军和清军之间摇摆，脚踏两只船，陈玉成正是因此而被捕。天京失陷后，太平军的残党加入捻军，组织骑马部队，驰骋于安徽、山东、直隶、河南、湖北各地，让曾国藩、李鸿章颇为头疼。1868年，捻军在山东被消灭。

康熙以后清朝最鼎盛时期商业、手工业的发展以及人口的增加，滋生了一些消极的弊端，再加上受鸦片战争后遗症的影响，广大民众的生活更加艰苦。太平天国的出现给他们带来了光明的梦想，为了实现梦想，他们拥护太平军，但这个梦想却最终破灭了。

太平天国之梦

太平天国描绘的天国图景反映在他们印发的《天朝田亩制度》中。

他们秉持国家是以天父耶和华为父的一家、国民皆是兄弟姐妹这一基本思想。土地根据优劣分为九等，平均分配土地给16岁以上人丁。25家为一组，是社会的基本单元，以名为"两司马"的乡官为长,设立国库和教堂。各自家庭农耕、手工业生产所得物品中,除去家庭一年的粮食、种子、衣料开支,其余全部上缴国库。各家遇有婚丧嫁娶和生育等事,按规定到"国库"领取费用,鳏寡孤独、残废等丧失劳动能力的人,也由"国库"开支抚养。这是《天朝田亩制度》的几个要点。也就是说,该制度以自给自足的农业共产社会为理想。然而,进入后期以后,太平天国也开始考虑吸收欧洲近代化文明。但就农业共产社会与近代工商业社会如何调和这一问题,始终没有论及。

这个姑且不论,为实现这样的理想国,即天国,首先必须要推翻现实中的清朝政治统治,打倒汉人社会里的官僚、地主、富商。

他们的军队分男女两军,区别非常严格,宿舍也分男舍、女舍。起初,即便是夫妻也禁止一处居住。严禁奸淫、赌博、吸食鸦片和掠夺平民,触犯者一律处以死刑。因此,军队纪律严明,与惯于烧杀抢掠的绿营军大为不同,受到一般民众的欢迎。

军队实行共产制,从被称为"圣库"的公库中每周领取大米、油、盐、零用钱。国家的中央库被称为"总圣库"。

从军队的组织方面来看,一军由军帅负责统率,军帅下面有师帅五名,各率五名旅帅,各旅帅率五名卒长,各卒长率四名两司马,各两司马率五名伍长,伍长分别率四人,一军总数共有13156人。此外,还设掌管军需的典官,设掌管技术的部队"匠营",负责衣料、器具、武器的生产,同时也负责印刷。

太平军占领城市后,官府财物自不必说,也将官僚、地主、富商的财产一并没收,号称"打先锋"。财物除了上缴圣库,也分发给贫民。此外,他们在全城开展"搜妖"(只要与清朝相关,都是妖,太平军投降清军为变妖,儒教的经典被称为妖书)的搜家活动,捕杀清朝官僚和军人。

在政治组织方面,天王下面有四个等级的王,再往下有侯、丞相、检点、指挥、将军、总制、监军。总制和监军负责一军的监察事务。

太平天国提倡男女平等。有女丞相,允许女性参加科举考试,也有女性合格者。严格禁止女性缠足。女性地位这么高,正是构成太平天国核心的客家社会的反映。客家不缠足,女性和男性一样参加劳动,女性地位比较高。

然而,这一初期的太平军纪律到了后期也渐渐松懈,特别是上层干部的堕落非常严重。据呤唎(英国人,对太平天国持有好感,后著有《太平天国革命亲历记》一书,谴责英国武力干涉太平天国行径)描述,就连李秀成也在天京过着奢侈的生活,后人对他的批判也集中在这一点上。

虽然名为太平天国,但太平天国却并未在现实中实现,而是在为实现这一憧憬的准备工作中,也就是在破坏现有的政治、经济、社会秩序的过程中夭折了。在这个层面上,太平天国在那些希冀维持现有秩序的人们眼中无疑是非法团体。然而,他们作为先驱者,却受到了出现于清末以后的所谓"非法团体"的尊敬。

接下来另起一章来看看日本的情况。

第八章　日本的开国

寻求毛皮

到了18世纪,新的欧洲浪潮向锁国的日本的近海袭来。一个首要的表现就是俄国势力南下。

俄国开始往西伯利亚发展是在16世纪末,"哥萨克"(在鞑靼语中为自由人之意。原是逃亡至俄国边境顿河等地的农奴、奴隶、贫民,是18世纪至1917年革命爆发前的一支特殊军)的队长叶尔马克为了保护在乌拉尔以西卡马河流域活动的大商人斯特罗加诺夫家族,穿过乌拉尔征服了额尔齐斯河流域。此后,以"哥萨克"为代表的俄国冒险家为了寻求皮毛一路东进,于17世纪中叶进犯黑龙江流域,并与清国发生冲突。中俄双方后来签订《尼布楚条约》,俄国暂时退到外兴安岭以北。17世纪末俄国又将势力延伸至西伯利亚东端。

进入18世纪20年代,白令赴白令海峡沿岸探险,并将阿拉斯加占为俄国领土,而寻找毛皮的俄国人又从堪察加南下抵达千岛群岛。1785年，这一带的俄国毛皮商人成立了俄美公司，1799年获得俄国皇帝的特许成为国策公司，以阿拉斯加的锡特卡为根据地。

当俄国人来到白令海、鄂霍次克海沿岸时，他们在这个地方发现了大量日本漂流民，并对这些漂流民施以救助，加以妥善照料，希望能通过他们开辟与日本的通商关系和获得食物。

果然，1778年俄国船来到虾夷请求通商，1792年俄美公司的拉克斯曼借送还漂流民为由，抵达根室，请求通商。1804年，公司老大列扎诺夫（推动俄美公司获得皇帝特许从而成为国策公司的核心人物）同样也为了通商随同漂流民来到长崎。但幕府以锁国祖法为由，拒绝了俄国人的请求。由此可见，日本人对俄出手救济漂流民一事尚未抱有连带的感激之情。

俄国人抵达千岛和桦太（库页岛）以及发出通商请求，使得日本也加强了对北方的关注。北海道的警备自不必说，日本还派遣最上德内（1754—1836年，江户时代末期虾夷地探险家。探险了千岛，又计划探险桦太，观察了桦太西岸）和间宫林藏（1776—1844年，江户时代北方探险家。1808年，调查了桦太西岸、黑龙江下游，最终得出桦太是岛屿的结论）分别进行千岛探险和桦太探险。

期待落空的俄国人开始袭击千岛和桦太的日本人，俄国人和日本人之间发生了冲突。

1843年，俄美公司曾送了一批漂流民到择捉岛。幕府为获取海外情报从归来的漂流民那里听取见闻，形成了"蕃谈留存下来。

美国彦藏

以送还漂流民为见面礼从而向日本请求通商的不只有俄国，美国也是如此。

美国独立后，大量亲英保守主义者选择回到加拿大或英国本土，他们所留下的大片领地被没收后卖给了自耕农。美国成为农民、小商人和工匠的世界，他们通过选举组建了民主的州政府。1787年合众国宪法成立后，美国成为拥有由选举产生的上下两院和总统的合众国。当时美国总人口约400万，其中350万是白人，且大部分都是农民。可以称得上是城市的只有五个，纽约的人口不过33000人。

美国一方面投入西部的开发，另一方面又从法国那里购入了路易斯安那，让西班牙割让了佛罗里达，通过与墨西哥交战获取了西南部和西部地区，通过与英国交涉获取了俄勒冈。截至1850年，美国的领土囊括了大西洋至太平洋间的广阔地域，它们逐渐得到开发，形成了州或准州。

在加利福尼亚地区被墨西哥割让给美国之前，美国人就已经开始向这里移居。1848年，在和墨西哥的战争结束后，萨克拉门托河流域发现了金矿，合众国自不待言，约10万人从世界各地蜂拥而至，圣弗朗西斯科（旧金山）一夜之间成了小型中心城市。

1851年3月，17名日本人在旧金山着陆。前一年12月，他们乘坐播磨的船只，在从江户返程的途中遭遇风暴，被海水冲走，漂流50天后，被美国船只救助。他们中有一位14岁的少年彦藏（在美国人的善意帮助下获得学习机会，活跃于幕末、明治时期。最早归化美国的日本人。在日本首次发行了报纸《海外新闻》）。日本船在漂流中被美国船救起，或者直接漂流到美国，这样的事在之前也是屡见不鲜，但是这次漂流由于后来被彦藏写成了漂流记，所以比较有名。

彦藏等人抵达旧金山后不久，美国总统菲尔莫尔便决定将佩里提督作为东印度舰队司令派往日本。

美国为了打开日本的港口，已于1835年派遣使者，意欲将国书呈递给日本将军，但因使者之死而未能实现。接着又于1845、1849年分别派遣了贝特尔提督（James Biddle）、格林提督（James Glynn），也均未取得成功。佩里正是在这样的背景下被派往了日本。

美国想与日本通商主要出于两个目的：一是确保在日本有港口给当时在太平洋活动的数百艘捕鲸船提供避难所并补给煤炭、水和食物；二是美国在与中国的贸易中占据着仅次于英国的重要地位，前往中国的美国船很多，为此也希望能有一个水、食物和煤炭的供给地。所以主张日本门户开放的有美国驻华领事和商人、与中国通商的美国东西部商人和捕鲸从业者。

出于上述对日本的兴趣，美国也对漂流民极其友善，并试图将他们送回日本。

彦藏等人于1852年3月从旧金山乘坐"圣玛丽"号被送往香港，并预定从香港搭乘佩里的舰队返回日本。

他们于5月乘船抵达香港，接着又去了澳门，在澳门被转移到美国东印度舰队的旗舰"萨斯喀那"号上。然而，因愤慨于"萨斯喀那"号上非人的待遇，他们在舰艇抵达香港时企图逃脱，但失败了。彦藏和其他两名日本年轻人随同想要在金矿生意中大赚一笔的美国人又回到了旧金山。其余人则选择等待佩里舰队的到来以返回日本。然而，他们大概是担心回到日本后会遭到处刑，于是就这样留在了中国。

佩里舰队

1852年12月，佩里乘坐军舰"密西西比"号从美国东海岸的诺福克出发，横渡大西洋、印度洋，在香港换乘旗舰"萨斯喀那"号，经琉球那霸和小笠原群岛，于次年7月率四艘军舰（"萨斯喀那"号为螺旋式蒸汽旗舰、"密西西比"号为明轮式蒸汽护卫舰、"萨拉托加"号与"普利茅斯"号为风帆式动力护卫舰）来到浦贺。

有说法是，佩里舰队来航时日本举国上下一片哗然。实际上这次来航并非意想不到。之所以一片哗然是因为不知该如何应对，而不是针对舰队来航事件本身。也就是日本当局者很清楚地知道日本周边在发生什么。

上文说到，日本人在与长崎荷兰人的接触中获得了文化上的恩惠。日本虽处在闭关锁国的状态，却并未丧失世界视野也是这个原因。幕府的当事者通过"阿兰陀风说书"获取了世界信息，关于佩里舰队来航也已事先接到了报告。此外，当时的读书人通过留学长崎、阅读兰书等，视野得到了拓宽。这种视野并不局限在地理上，当时的读书人通过学习荷兰的医学、天文、火炮技术等科学知识，也拓展了学问的视野。

因此，佩里来航对于日本当局者和兰学者来说并不是一个突如其来的事件。访问佩里军舰的幕府官员在参观军舰时没有表现出惊讶的神态，这一点反而令美国感到惊讶。这其中当然有刻意掩饰自己惊讶心情的成分，但更是因为他们对于这些情况已经有所耳闻或者通过阅读书籍已经有所了解，而并非突然遇到了意料之外的事物。

尤其是鸦片战争中国战败的消息极大震撼了江户幕府，1842年，幕府撤回了异国船驱逐令。

幕府希望佩里航行到长崎，但佩里态度坚决不予采纳，幕府于是在久里浜紧急修建了接待所来接收美国总统的国书。佩里等人在久里浜登陆，而此时美国舰队正停泊在接待所前面的海上，将炮门直对接待所，做好了一旦美国使节出现危险便立即开炮的准备，也就是做好了以暴制暴的准备。所以，如果幕府仍像之前一样奉行异国船驱逐令，利用浦贺炮台向佩里舰队发起炮击，那么日本将不仅遭受反击，而且连炮台都有可能会被美方占领。

总之，佩里仅是将谋求友好通商，请求煤炭、水和食物的供给以及保护美国漂流民的总统国书交给了日本，约定幕府在次年春天做出答复，便于7月17日离开了浦贺。这是出于两个理由：一是随着太平天国攻占南京，中国的革命战争形势愈发紧张，保护美国在华利益的要求变得更为迫切；二是还没有运来幕府承诺开港时有必要送出的赠礼。

佩里舰队刚撤离浦贺，俄国使节普提雅廷便率四艘军舰来到长崎，并于次年正月再次来航，提出确定北方边界和通商的请求，但因克里米亚战争的爆发最终撤离。

日美和亲条约

幕府通过荷兰东印度公司当局，以将军德川家庆之死为理由，向身在香港的佩里申请延期答复国书。但佩里在接到了法国、俄国正在紧逼日本开国的消息后，为了抢占先机，便早先一步于1854年2月率六艘军舰来到了比浦贺更靠近江户的小柴冲。加上先行抵达的一艘，共计七艘军舰。幕府希望在浦贺进行接待，但佩里坚决反对，向江户方向一路北上，最后抵达生麦和大师河原之间的海面。幕府无奈之下只好决定在神奈川进行接待，并将浦贺的建筑移到了这里。

在接待所前海面停泊的九艘军舰的武力威吓下，以大学头（大学校长）林复斋为首的幕府交涉委员对美国的要求反复让步。1854年3月，双方签署了以开放下田、箱馆（函馆）两港（下田在条约签订后立即开放，箱馆从次年3月起开放），供给煤炭、水、食物，救助难民，给予美国最惠国待遇等为主要内容的《日美和亲条约》。这虽然不是通商条约，但因为佩里从一开始的目标就不是签署通商条约，所以他的目的实现了。达成目的的佩里在视察完箱馆和下田后启程返航。

美国之所以不喜欢长崎，是因为长崎已经习惯了荷兰人卑躬屈膝的态度，美国担心一旦去了长崎也会被要求采取同样的态度。这是为了避开在广州出现的先例，是个正确的判断。

幕府在与以武力为背景的佩里交涉时，最担心的是佩里靠近江户。中国的情况也是一样，极度害怕专制权力的中心会因此发生动摇。但谈判地点靠近权力中心江户，谈判在与权力中心密切接触的环境下进行，谈判的结果之后就不会遭到权力中心的否定。这与同中国在距离北京遥远的地点谈判，谈判结果总是得不到权力中心认可从而无法执行的情况不同。而且，由于日本使用了日本人做翻译，与中国只能依靠外国人做翻译相比，更有利于双方沟通和充分讨论。当然，翻译成日语时也会有不准确之处进而导致后来出现问题，但却没有出现像《中法北京条约》第六条那样，被翻译员任意添加字句的现象。

促使中国开国的是广州贸易体制催生出来的反体制力量，促使日本开国的却并不来自长崎贸易体制，而是崭新的外部力量。

中国很难从传统体制中自主打破局面，所以只能借助强大的暴力达成目的。而日本在原封不动保持传统长崎贸易体制的基础上又加入其他新的体制则相对比较容易。

总之，鸦片战争的教训以及通过兰学对于欧美各国武力的了解，使得幕府当局对于采取过激行动的态度非常谨慎，从而避免了通过战争被迫开国的不幸。

哈里斯

因《日美和亲条约》第11条规定，当日美两国政府的一方认为有必要时，自条约签订的18个月后，允许美国派驻官员至下田，于是美国将哈里斯作为总领事派到日本。

哈里斯于 1804 年出生于纽约州，是帽子店商的第五个儿子。幼时他在祖母身边作为虔诚的新教徒长大，之后由于父母和兄长在纽约做陶瓷器进口生意，便搬到了那里居住。

他只念到中学毕业，但是通过自学获得了较高的修养，42 岁时被选为纽约州教育局局长，并解囊为那些没有机会上学的孩子建立了免学费的中学。

45 岁时他成为一名贸易商人，绕过南美南端来到"黄金热"的加利福尼亚，在太平洋和印度洋之间从事航海贸易。他曾想在中国广东或香港担任领事，但未能如愿。后来他又迫切想担任刚刚开国的日本的总领事，于是回国热心开展活动，终于实现了心愿。哈里斯在荷兰裔翻译休斯根（Henry Heusken，1832—1861 年）的陪同下，向东取道，于 1856 年 8 月抵达了前一年因地震和海啸（安政大地震）而遭破坏的下田，并将玉泉寺定为临时领事馆。哈里斯时年 53 岁。

他肩负着与日本缔结通商条约的任务。然而幕府和中国一样，安排下田奉行与之交涉，采取了避开中央与之直接交涉的策略。哈里斯以各种理由给幕阁写信，请求前去江户，但幕府都让下田奉行回绝，不予理会。然而哈里斯执拗的请求最终还是获得幕府同意，1857 年 12 月他来到江户与幕府当局者直接交涉。

哈里斯谒见了将军德川家定，会见了首席老中堀田正睦，向他们游说世界大势以及贸易所带来的财政收入增加，劝说他们缔结通商条约。他列举了通商条约的主要内容：允许外国公使居住在江户、允许与日本人自由贸易、增加开放港口数量等。

哈里斯还威吓说，如果幕府当局拖延答复，那就只能用炮弹来交涉。如此，幕府当局终于屈服，命井上清直（川路圣谟的弟弟，1855年担任下田奉行与哈里斯交涉，1858年兼任外国奉行）和岩濑忠震（1854年作为"目付"负责海防事务）基于哈里斯提出的条约草案商议通商条约内容。1858年2月，条约进入签订阶段。但因签订需要获得天皇批准，所以被延期了两个月。

前往京都的堀田正睦在约定期满后仍未得到天皇的批准，双手空空地回到了江户。如期来到江户的哈里斯一边感慨幕府没有实权，一边催促："为避免出现像中国那样英国率兵前来逼迫签约的情况，有必要与我国订立条约。"但最终，他还是同意延期90天。

过了不久，美国军舰在下田入港，带来了英法两国在华北获胜的消息，哈里斯乘坐军舰来到小柴冲，在舰上与井上、岩濑会面，向他们说明英法舰队来航很危险，若与美国签订条约，那么即使英法两国前来，美国也会居中调停，恩威并施地催促签字。大老井伊直弼虽认为没有天皇批准就不能签署，但也只好同意。1858年7月29日，条约终于在舰上签署完毕。

以该条约为基础，日本继而又与荷兰、俄国缔结了通商条约。与中国签订完《天津条约》的英法两国也来到日本，以日美条约为基础与日本缔结了通商条约。

通商条约

《日美友好通商条约》成为与外国签订通商条约的基础，其主要内容如下：

（一）增加开放神奈川、长崎、新潟、兵库等四港，辟江户、大阪为商埠。神奈川、长崎于1859年7月开港，神奈川开港半年后，封闭下田港。

（二）在开港开埠地设置居留地。

（三）领事裁判权。居留日本的美国人犯罪，交由美国领事裁判。

（四）居留日本的美国人享有信教自由权。

（五）通过征收关税实现非禁制商品的自由贸易。不过，条约中有禁止输入鸦片的规定。这是在哈里斯的主张下加进去的，一方面因为鸦片与美国经济没有重要关系，另一方面也是因为他作为虔诚的基督教徒憎恨鸦片。

（六）输出税按日本政府的要求征收，一律按5%的税率。至于输入税，入港日本的船舶、船员、居留民的必需品按5%，酒类按35%，其他按20%征收。不过在日英签订的条约中，英国重要输出品——棉、毛制品按5%征收。

（七）外国货币在日本流通，与同种日本金属货币等量使用。允许金银输出。

（八）美国派外交代表到首都，派领事驻扎开港开埠地，外交代表和总领事享有在日本国内的自由旅行权。

《日美友好通商条约》虽然是不平等条约，但与同一时期缔结的《天津条约》相比，关税税率并非一律按5%划定，而是区分对待，国内旅行也只限于外交代表和总领事，已经算是相当宽松的了。而且值得庆幸的是，条约规定了禁止输入鸦片。

尽管井上和岩濑对外国的情况较为了解，但也因外交上的无知而使条约变成了不平等条约。即便如此，他们还是采取了积极的态度，反对将开港地定在远离江户的偏僻之地，而是主张定在便于监视的神奈川（岩濑担心大阪势力增强而反对大阪开港，想将神奈川作为贸易中心并置于幕府的统治下）。之前也说过，以哈里斯为首的外国使节能够和幕府的权力中心直接交涉，对避免不必要的纷争还是很有效的。

应对外压

在中国，外国势力的入侵导致清朝专制权力失坠，开埠后显在化的经济失调使得庞大下层阶级纷纷响应太平天国的革命旗帜，掀起了大内乱。日本的幕府权力也受到了同样的影响。

到了幕末，尊王论的勃兴带来了天皇权威的提升，幕府权力已经相对低落，再加上来自外国的压力，幕府权力开始失坠。

无法独立裁决外交问题的幕府当局者向诸侯征求意见，以此为开端，诸侯发言权增大，与将军继嗣的问题交织在一起，发展为派阀斗争。而且，由于尊王论的兴起，已经不可能在无视天皇的情况下裁决外交问题，幕府开始处于以革命

"志士"为根基的天皇权力的下风。幕府权力的失坠将诸侯势力分割为尊王和佐幕两派。而且，支撑天皇权力的"尊王论"的中心是幕府权力的一大支柱水户藩，这使得幕府对待天皇更加为难。

在日本，天皇势力可以说是相当于作为中国革命势力而出现的太平天国。但中国的革命势力太平天国消亡了，而日本的革命势力天皇却成了日本新的核心。这是因为太平天国敌视当时符合世界史潮流的革命势力资产阶级，使得外国势力站在了清朝政府一方；而在日本，英国作为外国势力的领导者，却援助天皇势力完成了全国统一（英国出手援助是为开放日本全国贸易，而幕府则垄断着对外贸易）。

中国应对外国势力的方式有三种：一是试图以外国势力为挡箭牌逃避清朝权力的统治；二是仇视外国势力，如杀害外国人，袭击教会；三是承认外国的长处，并加以学习。

日本似乎并没有出现类似于中国第一种的应对方式。这大概是因为日本官僚不像中国官僚那么腐败，政治和课税相对来说都遵守规则来办。

然而，成为外国人代理的日本人有时也会依仗着外国势力耀武扬威。英国公使馆的翻译传吉（和彦藏一起漂流的伙伴之一，担任留在香港的阿礼国的翻译）遭杀害正是这个原因。

至于第二种应对方式，日本也是有的。信奉中国式大义名分论的人坚信日本是神州、外国是蛮夷，认为外国的入侵是蛮夷对神州的玷污，因而感到愤慨。此外，外国贸易带来物价飞腾，使得武士生活苦不堪言，也是他们仇视外国的原因。

在江户城内，外国人经常遭辱骂和扔石子。以1859年8月俄国使节穆拉维约夫舰队的士官和水兵在横滨被杀为开端，1860年1月英国公使馆翻译传吉、1861年1月美国公使馆翻译休斯根相继遭杀害。1861年7月位于东禅寺的英国公使馆遭到袭击，死伤多人。次年9月发生了有名的生麦事件。

休斯根遭到杀害后，英国公使阿礼国约上法荷两国公使，从江户返回横滨，共同向幕府施压。但因哈里斯同情幕府，并未参与到行动中，事件最后得到平稳解决。然而，类似这样的杀伤外国人事件随着双方相互理解的增进以及攘夷派转变为开国派，渐渐就没有了。日本从很早就在江户以及挨着江户的横滨开始了与外国接触，幕府权力很早就与外国势力之间形成了相互理解。由于杀伤事件也在这里发生，所以幕府能够采取妥善的处理措施，成功避免了与外国势力发生不必要的冲突。关于第三种应对方式将在接下来的一章中再做说明。

第九章　西太后与李鸿章

清朝政权的重组

在日本签订《日美和亲条约》《日美友好通商条约》，国门被打开后的十余年间，日本国内兴起了攘夷和开国两派之争，后来发展成为倒幕与佐幕之争。最后倒幕派掌握了统治权，在1869年（明治二年）恢复了国家统一。

中国在鸦片战争战败后签署了《南京条约》，打开了国门，这比日本早了十多年，但之后清朝中央的保守排外思想居支配地位，与外国势力进行了反复抗争。其间还爆发了太平天国革命运动，清政府不得不与之作战。与外国势力抗争，又演变为后来的"亚罗"号战争。清政府通过批准《天津条约》、签订《北京条约》来与侵犯北京的外国势力讲和，并借外国势力剿灭太平天国（1864年），讨平与之相关的捻军，恢复了清朝的统治权（1868年，同治七年）。

也就是说，外国势力入侵引发了对外抗争和国内动乱，日本从1854年起用了15年，中国从1842年起用了26年，才大约在同一时期恢复了国内的统一和安定（虽然日本实现统一和安定是在西南战争以后，但倒幕派掌权后可说是初步恢复了安定统一局面）。

然而，主导两国恢复统一安定局面的力量却不同。日本是以天皇为中心的革命势力，中国则是以打倒革命势力恢复了统治权的西太后、恭亲王为首的清朝。但这个清朝与以往的清朝不同。

第一，旧清朝以八旗和绿营的武力为基础。但这些清朝的正规兵在与太平天国作战中暴露了自身的软弱无能，清朝最终在湘军、淮军等汉人官僚组织的武装力量的保护下才避免了灭亡。当时，若是他们凭借武力举旗革命，相信应该也能推翻清朝吧。其实有人曾这么劝过曾国藩，但曾国藩未予采纳。于是，清朝在新生武力，特别是淮军武力的基础上获得了新生。也就是说，清朝实现了"旧马换新马"。

第二，为了能够驾驭新马，必须要重视那些手握新马缰绳的人物。新生的清朝不得不依赖于曾国藩、李鸿章等汉人官僚正是这个原因。

第三，向外国势力妥协并获得了支持的西太后和恭亲王，通过发动政变，打倒了保守排外派势力肃顺等人并执掌了政权，这一点在上文已谈及，而批准《天津条约》、签订《北京条约》的恭亲王政府又在外国势力的援助下逐渐实现了安定。外国势力帮助平定太平天国，也是为了巩固强化西太后和恭亲王的政府。此外，清政府在外交方面的姿态也更为积极。设立总理衙门、同文馆,将国际公法翻译成《万国公法》皆是体现。不仅如此,清朝还积极学习近代技术。

烧毁教堂

平定太平天国和捻军叛乱后,清朝任命此次反革命战的中心人物曾国藩为直隶总督。直隶总督是管辖清朝政权大本营的重要总督。他组织的湘军因在太平天国势头最强劲时与之战斗,丧失了精锐力量。之后,招募人员的质量不断下降,再加上因担心拥兵会引起清政府的疑心,于是他在天京陷落后便解散了湘军。他担任直隶总督后,借用李鸿章的淮军防卫直隶。当时,直隶总督的衙门在保定,而"三口通商大臣"崇厚在天津负责管理《天津条约》和《北京条约》中开放的天津、登州、牛庄(营口)三港口。

1870年,也就是曾国藩担任直隶总督的第二年,天津发生了市民烧毁法国天主教堂(教堂起名为"圣母得胜堂",俗称"望海楼天主堂",是为纪念"亚罗"号战争胜利所建,建成于1869年),杀害大量法国人的天津事件。

类似这样的攻击教堂和传教士事件,在《天津条约》允许基督教传教之后,在全国各地都有发生。这是因为传教士突然涌入中国内地,宣扬与中国传统伦理、思想和习惯相矛盾的宗教,导致两者间发生了摩擦。尤其是,要中国人放弃最为重视的祖先崇拜,皈依基督教,这一点与中国的传统最为矛盾。

另外,传教士仗着本国的武力和自身的治外法权,批判、蔑视中国伦理、风俗民情,招来中国人的反感。收集孤儿并将

李鸿章与其子

他们杀死、将肝用作药引、将眼珠用作照相机的镜头，类似这样的谣言风起，一旦干旱洪涝等灾害发生，都会被归结到传教士头上。

不仅如此，传教士还保护改宗的中国人，比如：不让他们向村里的庙祭活动捐款；在审判中，为了使结果有利于改宗者一方，向官府人员施压。这保护了没有能力的贫困者，使得他们免受权势阶层或官府的欺压，但也容易被别有用心的人所利用。由此一来，改宗者自不待言，传教士也引来了怨恨。

法军对天津的占领给当地市民留下了恶劣的印象。市民对于教会经营的孤儿院的质疑、法国驻天津领事的轻率举动，

民众打砸、焚烧天津法国教堂

皆是这起事件的原因。

孤儿院通常会酬谢那些送来孤儿和弃婴的人，以示鼓励，这引发了一些诱拐普通人家孩童的事件。而疫病流行导致婴儿死亡增多，更是加深了民众的质疑。

为了解答民众这一疑惑，地方官向法国领事丰大业[①]请求视察孤儿院，遭到了拒绝，于是便要求 6 月 21 日直接在教堂会面。得到这个消息后，丰大业颇为恼怒，与秘书长一起来到了三口通商大臣崇厚的官署，用剑敲击桌子，并向崇厚连开两枪，所幸均未击中。崇厚的随从试图阻拦，丰大业被其激怒，冲到官署门前聚集的人群里，向试图截堵他的地方官开枪，射杀了一名随从。目睹了这一切的人群当场打死了丰大业和秘书

---

① 丰大业（Henry Fontanier，1830—1870 年），法国驻天津领事。——译注

长，并烧毁了领事馆、教堂和孤儿院，杀害了十名法国修女、两名传教士、七名外国居民以及众多的中国改宗者。

这一事件眼看就要发展成中法两国之间的战争，但因为当时中国与欧洲没有电报，这一消息直到7月25号才到达巴黎，这正好是普法战争爆发的第七天。因此，中国仅以处决犯人、支付赔款、派崇厚为首赴法谢罪，就收拾了局面。因为这一事件，曾国藩调任两江总督，由李鸿章接任直隶总督。

外国使臣觐见

李鸿章在江南的平原镇压太平天国的反革命战争中，指挥着戈登的常胜军，与英法军协同作战，因而被视为与外国人交际广、能同外国交涉的老手。于是，在他担任直隶总督后，外交问题全部交由他处理。这也是因为总理衙门作为建制上的外交机构缺乏能力。不仅外交问题，李鸿章也渐渐掌握了内政问题的指挥权。

此外，李鸿章在出任直隶总督后，还兼任了三口通商大臣（之后改称"北洋大臣"），在通商期间驻扎天津，在白河结冰的通商中止期驻扎保定。

由于掌握着清朝政权的武力支柱淮军，并由此得到了西太后的信赖，李鸿章的指挥权得到进一步强化。当时李鸿章在中国扮演的角色与伊藤博文在日本扮演的角色相似，但他率领淮军平定了太平天国和捻军，之后又以淮军之力支撑起清朝政权，这一点是伊藤博文所不具备的。李鸿章在文武两方面都是清朝最有实力的人物，与此同时也是西太后忠实的仆人。

作为直隶总督，李鸿章上任后开展的第一件外交工作是1871年（明治四年）与伊达宗城签订了《中日修好条规》。该条规是日清间的平等条约，共同承认领事裁判权，但第二条提倡相互帮扶的规定被视为结盟（若他国偶有不公及轻藐之事，一经知照，必须彼此相助，或从中善为调处，以敦友谊），引起了列国不满。1873年，日本外务卿副岛种臣于天津交换了批准书。

副岛种臣前来北京，除了交换批准书，还是为了交涉台湾问题，并庆贺同治帝亲政。

同治帝于1872年（同治十一年）成年，册立皇后，次年废止了西太后的垂帘听政，开始亲政。此时，列国使臣纷纷以庆贺和递交信任状为由，申请谒见同治帝。在此之前，中国要求谒见的使节必须行三跪九叩礼，拒绝行此礼的外国使臣无法觐见。

然而，此次亲政庆贺，因《中英天津条约》第三条规定"惟大英君主每有派员前往泰西各与国拜国主之礼，亦拜大清皇上，以昭划一肃敬"，所以无法强迫各国行三跪九叩礼。但是，清廷又不能因此而不让他们谒见，所以最后还是同意谒见，只是将觐见礼仪由使臣行三次最高等级的敬礼改为行五次，另规定使臣不能单独觐见，只能列队觐见。

然而，副岛与总理衙门交涉，以自己是级别高出公使的大使为由，要求在列国使臣列队觐见之前单独觐见，且只行三次最高等级敬礼，令列国使臣感到吃惊。

虽然此次觐见的地点是皇帝用于接见藩属国使臣的紫光阁，但允许外国使臣以新的礼仪觐见，这是中国向欧洲外交方式妥协的表现。

马嘉理案

李鸿章上任后处理的第一个重要外交问题就是马嘉理案。这一事件是这样的，试图开辟从缅甸通往云南和四川通商道路的英国探路队翻译马嘉理在云南被杀。老早就想修订《天津条约》、扩大在华利权的商人和传教士利用这一契机，要求缔结新条约，于是中英双方订立了《烟台条约》①。

英国自 1825 年起入侵缅甸，扩大了在缅的统治权，但还想开辟从缅甸到中国云南和四川的通商通道。而当时，法国正

同治帝

---

① 即《滇案条约》或《芝罘条约》。——译注

在侵略越南，同样也想开辟通往云南的通商道路。两国之间是竞争关系。

英国于 1868 年派出第一支探路队，从缅甸出发前往云南，未能成功。接着又在 1874 年派出了第二支探路队。这一次由当时担任上海领事的马嘉理作为翻译同行。他沿着长江逆流而上，从湖南出发，途经云南到达缅甸的八莫（Bhamo），与探路队会合。

然而，在探路队由缅甸进入云南之际，马嘉理和中国随从、缅甸随从共同外出探路，于 1875 年 2 月遭到中国人袭击而被杀。探路队也因此折回了八莫。

英国驻华公使威妥玛不仅要求中国对该事件进行审理和赔偿，还借机要求修订《天津条约》。

关于《天津条约》的修订，前任公使阿礼国已经与总理衙门商定好了折中的新条约，但中国保守派反对扩大外国人的利权，而商人和传教士则以利权的扩大不够充分为由，也予以反对。

威妥玛公使提出以下要求：（一）中国须派专人前往云南对事件进行调查，英国官员须参与此事；（二）英属印度政府认为必要时可再派探路队前往云南；（三）赔偿 15 万两白银给英国公使，任由其支配；（四）英国公使觐见中国皇帝时享受优待；（五）停止对英国商品征收厘金（为填补太平天国叛乱的军费开支，清军对国内流通的商品征收正规关税外的临时税费。叛乱平定后，因财政困难，厘金没被废止）。之后英方的要求由五条改成了前三条，但双方未能谈妥。1876 年 9 月，李鸿章和威妥玛在烟台芝罘谈判，在李鸿章随员罗伯特·赫德的斡旋之下，双方签订了《烟台条约》，解决了问题。

条约分"本条约"和"另议专条"。"本条约"在解决马嘉理案的同时，还允许英国为开拓云南通路采取相应的必要措施。此外，还规定原则上驻居中国的外国官员享有在其他国家的等同待遇，或者享有中国官员在其他国家的等同待遇，为制定相关法律，中国应同意延请外国代表。还有，开放宜昌、芜湖、温州、北海等港口为通商口岸，以轮船通航为条件，约定以后开放重庆通商，开放长江沿岸六个停靠港口。以及，进口的鸦片由仓库保管，进口商缴纳进口关税，购买者缴纳厘金。

"另议专条"中有以下规定：1877年，英国派出由北京经甘肃、青海，或由四川经西藏抵达印度的探路队时，中国承诺采取必要措施以保证其安全。

英国国内对这一条约不满的声音依然很多，直到1886年才批准换约。

充实军备

李鸿章既是外交领袖，也是军队指挥者。

李鸿章的淮军之所以在镇压太平天国和捻军的反革命作战中显示出威力，是因为配备了先进的装备。这些装备是用逃亡上海的地主、富商和上海新兴商人的资助以及海关收入从外国购入的。为了补给武器、弹药，李鸿章还于1865年在上海开办了江南制造总局，后来发展为主营造船。在浙江作战的左宗棠也在法国人的指导下，于1867年在福建马尾开办了福州船政局。它们是中国最早成立的近代官营造船厂。这两个造船厂比日本在荷兰人指导下成立的长崎造船厂晚了至少十年，但和在法国人指导下成立的横须贺造船厂差不多属同一时期。

淮军在平定太平天国和捻军叛乱后，作为清朝的主力军，在李鸿章的带领下进一步强化了军备。李鸿章担任直隶总督后，淮军大部分聚集在直隶地区及周边，负责警卫。

当时最受重视的武器是由阿姆斯特朗（英国兵工厂）和克虏伯（德国兵工厂）制造的线膛炮。

1885年，李鸿章在天津开办武备学堂，招募外国将领授课，后来有名的段祺瑞、冯国璋都在这里接受过教育。

然而，即便是淮军，他们虽然能够平定国内叛乱，但也不堪与外国交战，多数官兵对近代兵器并不了解，队伍不过是对民众进行烧杀抢掠的地痞流氓之流。

李鸿章担任直隶总督的1870年相当于日本的明治三年。下文将提到，日本自明治初期开始就琉球和台湾问题与清国抗争。为了遏制东海蕞尔小国日本的越矩行径，李鸿章感到必须要有军舰。1875年，清朝先向英国订购四艘炮舰，以此为开端，之后又购入四艘炮舰，接着又从德国购入两艘巡洋舰。当日本挑起朝鲜事端后，又向德国订购两艘战舰，接着从英国、德国各购入两艘巡洋舰。特别是其中两艘德制战舰分别被命名为"定远""镇远"，是当时中国引以为傲的战舰。此外，威海卫和旅顺的军港也先后完工。历经15年时间，北洋海军就这样筹建了起来，它与淮军一起，都在李鸿章的麾下。

北洋海军的士官和水兵大多来自操船能手辈出的福建。

士官在船政局附属学校中接受教育训练，再留学英法，士官和水兵都在英国或德国人的指导下接受训练。而北洋水师的提督丁汝昌和李鸿章是同乡，曾是淮军的一员。他虽自1879年起担任北洋水师的提督，但海军事务基本上交由有留英经验的部下处理。

这就是日后在日清战争中与日本舰队决一雌雄的中国舰队。

日本自1855年（安政二年），就已经在长崎开始了荷兰士官指导下的海军训练，比中国早20年。早在1860年，在这里接受训练的人就乘坐从荷兰购入的300吨木造汽帆船"咸临丸"号，横渡太平洋。

另外，福州船政局向英国派出第一批留学生是在1877年（光绪三年），而幕府派榎本武扬等留学荷兰是在1862年（文久二年），日本比中国早很多。尽管日本经历了由幕府至明治政府的变革，但其从幕末时期就开始积蓄的海军技术与仅用15年初步形成的中国海军相比，毫无疑问是领先的。

扶植近代产业

李鸿章不仅实现了淮军的武装近代化，创立了近代化的北洋舰队，也为近代化产业打下了基础。上文所说的江南制造总局是其中一例，除此之外还有：

（一）设立中国第一家轮船招商局。1873年，李鸿章说服上海买办商人成立轮船招商局，给予其运送漕粮等诸多特权加以保护，使其经得起与外国轮船公司之间的竞争。

（二）设立开平矿务局。供应给停靠中国通商口岸的轮船、军舰以及新设工厂的煤炭最初使用以加的夫煤为主的英国煤或澳洲煤。之后，随着高岛煤矿（1868年由锅岛藩与英国的格拉巴商会、荷兰的鲍德温商会先后共同经营，日本第一个近代煤矿）、三池煤矿（开发于18世纪中叶，后实现近代化）的开掘，从日本进口煤炭量增加。为了给招商局轮船供应煤炭，李鸿章命令经营者开发开平煤矿，故于1878年成立了开平矿务局。这一煤矿与后来袁世凯于附近开发的滦州煤矿一起，并称为开滦煤矿，时至今日已成为中国最重要的煤矿。

（三）设立电报局。日本在出兵台湾之际就曾计划架设电线，但未能如愿。李鸿章在天津至大沽和北塘两要塞间架设电线后发现比较便利，于是在1881年，沿着大运河在上海和天津间架设了电线。随后，电线延伸至各地。但民间有被电线杆的影子笼罩会给家庭带来不幸的迷信，因此不断有人砍倒电线杆，所以不得不安排警卫专门守卫。

（四）上海织布局。太平天国结束后，棉线、棉织品的进口增加，1885年后取代一直占据进口量榜首的鸦片，居于首位。因此，1880年（光绪六年），中国人中有人计划成立以蒸汽机为动力的棉纺织工厂，并向李鸿章求援，李鸿章给予该工厂十年棉纺织垄断权和税收上的优待政策。但这家公司因经营者不善管理，本金耗尽仍未建成，连续换了几任经营者后，终于在1890年开始营业。该公司以获得垄断特许为由，反对其他棉纺织公司成立，对中国的棉纺织业发展来说是一大障碍。

日本首次引进近代棉纺织技术是在1867年（庆应三年）

成立鹿儿岛藩纺织所。进入明治时期，因为殖产兴业政策，1878、1879年（明治十一、十二年），政府大量引进以水车为动力的大概有两千纱锭的纺织机，出售给民间，鼓励他们学习技术。1884年（明治十七年）成立的大阪纺织是第一家以蒸汽机为动力的纺织工厂（在涩泽荣一的倡导下，1882年开始建设，1884年完工，大约有一万纱锭，是东洋纺织的前身）。因此，在棉纺织方面，日本的起步也领先于中国。

在李鸿章的领导下，负责这些近代产业经营的有买办商人、从事涉外事务的李鸿章幕僚，也就是在从事洋务期间掌握近代企业经营方法的一群人。其中，盛宣怀是后者的代表人物。

中体西用

太平天国灭亡后，中国洋务运动（洋务是外国相关事务的总称，洋务运动是太平天国后日清战争前吸收近代欧美先进技术的运动）的口号是"中体西用"，与日本的"和魂洋才"一词对应。

在中国，学习中国传统的学问，即经典的学习被放在第一位。它被看作让中国人成为中国人，也就是塑造中国人精神的学问。而西洋的学问和技术则仅是被当作具有实用性的学问。

因此，不学习中国学问的人，无论其西洋知识多么丰富都无法担任要职。那些留学归来的人一点都不受重视。

中国最早的留学生是容闳。他于1828年出生在澳门附近的小岛上，先是在澳门的教会学校学习，又于1847年被牧师带到美国。从耶鲁大学毕业后，1855年回国。他所获得的职位仅是月俸75两银子的上海海关翻译一职。后来他辞职做起了买卖，1863年成为曾国藩的幕僚，并劝说曾国藩每年派出30名留学生到美国。1872年，第一批30名留学生出发赴美。

留学生仅派出四批就不再派出了。这些留学生大部分是广东人，特别是离澳门很近的香山县（孙文的出生地，后曾改名为中山县）人。第三批留学生中最有名的是唐绍仪。每一批派出的留学生队伍都有讲授中国古典的老师跟随。

除美国外，清朝也派出了不少留欧学生。1877年，福州船政局附属学校派出了第一批留学生，共18名到法国学习机械制造和造船技术，共12名到英国学习航海战术。另外，前一年淮军也曾选派7名陆军学生赴德学习。

正如上文所说，中国从1872年起开始向国外派遣留学生，但向国外派遣公使则开始于1875年，而在新加坡首次设立领事馆则是1877年。

这样看来，中国真心想向欧美学习，打算开始奉行欧美的外交方式，大概是在1875年以后。然而留学生和外交官的地位并不高，一流的青年都不愿做留学生，同样，一流的官员也不会担任外交官。

当时中国的实际情况与对海外的知识孜孜以求，争先恐后想要看海外的日本的情形正好相反。那些幕末来到日本的外国人往往只注意到日本人持有的强烈好奇心，但日本人的这种对于海外事物的强烈向往，不仅是出于好奇心，也是对优越于本国的事物的一种强烈憧憬。1854年4月25日，当佩里正在访问开港后的下田时，吉田松阴划着小舟，先是潜入"密西西比"号，后又潜入旗舰"波瓦坦"号，恳请渡美。他的心情也是当时诸多日本人的心情。

日本人在开国后，把对长崎兰学的热情逐渐转移到美国、英国、法国、德国身上。所以，他们也在同海外积极交流。早在1860年（万延元年），便有新见正兴一行为了《日美友好通商条约》的批准事宜而成功渡美。1862年（文久二年），日本派第一批留学生到荷兰。而且，这些留学生在归国后得到重用，这点也与中国的情况相反。

然而，虽然当时的日本人承认欧美科学技术的优越性，但在风俗习惯方面还是认为日本更胜一筹。新见正兴一行梳着日本传统丁髻，昂首阔步地完成了环球之行。在华盛顿，为了会见布坎南总统，他身着端正的武士礼服，在众多路人的目光中径直向白宫走去。事后他在日记中写道："来到这样的胡国，我满脑子想的都是让皇国之光更加光辉闪耀，竟忘掉了自己的分寸而满脸骄傲地走了过去。连我自己都感到滑稽。"

第十章　对俄纷争——伊犁问题

藩属体制解体

　　从1870年起，李鸿章作为直隶总督开始处理清政府外交事务，这正是中国外交问题的多发时期。

　　这是因为，诸外国势力在中国周边形成压迫之势，曾是中国藩属国的地区陆续遭到侵略，变成外国殖民地。

　　在诸国当中，刚刚结束外国势力入侵带来的骚乱，在明治政府领导下实现统一后便迅速染指海外的日本开始膨胀起来。

　　传统中国的周边既有被称为藩部的蒙古族、藏族等的聚居地，也有被称为朝贡国的各个藩属国。藩部是自治领地，藩属国用今天的话来说是卫星国。

　　藩属国是独立的国家，但因服从中国权威，按照每年一次或每两年一次这样中国规定的时间间隔，向中国朝廷表达敬意，顺便带来一些土特产品进行交易。和清国有朝贡关系的国家有朝鲜、琉球、越南、暹罗（泰国）、缅甸、尼泊尔、浩罕等。

清朝时期的中国疆域，除了本土，还包括满洲（清朝是满洲人建立的王朝，他们的发祥地满洲作为特区受到重视）①和藩部，其疆界线并不分明。

中国原本没有国境线，这种说法是没有问题的。国境只形成于彼此对立的两国之间，两国势力的平衡之地被确立为国境。中国的情况是，外国势力逐步入侵属国将其变为殖民地，进而又将触角延伸至中国本土、满洲和藩部，为此与中国发生纷争，在纷争的过程中国境得以确定。

其中，重要纷争有：在北方地区，与将浩罕殖民地化并逼近新疆的俄国的纷争；在南方地区，与入侵越南并逼近云南、广西的法国的纷争；与企图将势力扩张至琉球、台湾和朝鲜的日本的纷争。

此外，英国将势力延伸至缅甸，法国将势力延伸至越南，暹罗夹在中间成为这两股势力的缓冲地带，因此得以维持自身独立。

蒙古的西风

在曾经的 13 世纪，蒙古大军策马奔腾，如疾风一般进攻南俄草原，占领该地，使之变成蒙古人的游牧地。然而到了 18 世纪，俄国势力却开始反过来向东扩张。

---

① 满洲是部族名称而非地名，指满族。日本惯将中国东北地区称为"满洲"，是历史遗留问题。——编注

上文提到俄国势力向西伯利亚、鄂霍次克海、白令海峡沿岸区域发展。1858年，当中国与英、法、美、俄四国缔结《天津条约》时，俄国西伯利亚总督穆拉维约夫与黑龙江将军奕山签订了《瑷珲条约》，黑龙江以北领土被割让给俄国。1860年《北京条约》签订，乌苏里江东部区域又被割让给俄国。

由此，俄国结束了在西伯利亚地区的领土扩张，紧接着开始在中亚扩张领土。

俄国入侵中亚开始于18世纪中期鄂木斯克城和奥伦堡城的修建，前者是入侵鄂毕河支流额尔齐斯河流域的根据地，后者是入侵注入咸海的阿姆河、锡尔河流域的根据地。

19世纪中叶，俄国通过《伊犁条约》将伊犁、塔城（塔尔巴哈台）开放为通商口岸，并开始入侵希瓦、布哈拉和浩罕三汗国。但因克里米亚战争的爆发，一时中止了侵略。

克里米亚战争结束后，俄国又重新开启了对三汗国的侵略，至1873年，三国已全部处于俄国的统治之下。

另外，针对准噶尔地区，中俄双方于1864年签订《塔城条约》(《中俄勘分西北界约记》)，划定了西北边境地带的中俄国境。至此，乾隆时期远征准噶尔所确定的远至巴尔喀什湖畔的清国国境开始大大向东推移，像伊犁和塔城这样的要地成为国境地带。

阿古柏伯克

由天山山脉南麓（也即"天山南路"）和昆仑山脉北麓包

围着的地区，在中国被称为"回疆"或"回部"，是突厥系穆斯林聚集的地方。

这里的突厥系穆斯林分两种。一种是被中国习俗同化、穿中国服饰、说汉语的穆斯林，他们被称为"汉回"或"东干人"，向东一直分布至甘肃、陕西一带。

另一种是保持着突厥人的风俗习惯、说突厥语的穆斯林，他们头上包裹着头巾，被称为"缠回"。

在这些穆斯林群体中，世袭的"伯克"负责地方政治，"和卓木"作为伊斯兰王担任宗教领袖，在其统治范围内被允许自治。回民之外的汉人、满人和蒙古人则由满族将军和参赞大臣负责管理。

穆斯林和汉、满、蒙古各民族之间存在着利害对立，而同在伊斯兰教中汉回和缠回的关系也不太好。

在"东干人"众多的甘肃和陕西，吃猪肉的汉人与不吃猪肉的回民之间的对立非常严重。太平天国末年，从太平军投靠捻军的陈德才潜入陕西，引起了西安东部一带战乱，这一地区的汉回两民为了自卫分别组建了团练。有一回，华县的一名回勇砍了汉人的竹子制作长矛，由此引发了1862年汉人和回民之间的冲突。就在清政府讨伐困顿之际，这场动乱又诱发了甘肃、回疆一带的回民起义，成为一次回民大动乱。

在回疆，由于陕西回民带来叛乱消息并煽动，乌鲁木齐和库车两地发生了动乱，两地人联手于1866年占领了伊犁和塔城。

而另一方面，喀什噶尔（位于昆仑山北麓西北端的重要城市，汉唐时的"疏勒"）也爆发了动乱，1864年动乱者迎来浩罕国"和卓木"布素鲁克和他的将军阿古柏，并以这里的伊斯兰城为根据地，拥立布素鲁克为王，阿古柏担任大将军。阿古柏先后占领莎车以及清朝在喀什噶尔的统治中心汉城，并于1867年驱逐布素鲁克，取代了他的位置。

阿古柏建立独立政权后，畏惧俄国在印势力的英国主动给阿古柏提供武器，并派遣教官帮助其训练军队。凭借这支军队，阿古柏大败天山南路的穆斯林军队，企图翻过天山入侵伊犁。但是俄国抢先一步于1871年7月占领伊犁，并表示，若中国能恢复此地治安将立即奉还。此外，俄国还与阿古柏交涉，承认他是当地穆斯林的首领，并签订条约，获得通商特权。

左宗棠

以闽浙总督的身份在浙江与太平天国军作战，天京陷落后，又将残党追讨至福建、广东的左宗棠在1866年被任命为陕甘总督，负责平定回民动乱。

左宗棠率领与太平军作战的军队，由湖北进入陕西，1870年平定了陕西的回民动乱，1873年又平定了甘肃的回民动乱。

在陕西和甘肃的回民动乱平定之后，左宗棠又打算进军回疆。但是由于军需用品的运输准备工作还未完成，再加上为了防备1874年日本出兵台湾，所以他不得不暂时停止进军。

后来由于李鸿章和大保久利通顺利解决了问题，从1875年起，左宗棠又开始着手平定回疆的回民动乱。

清朝政府因在与太平天国和捻军的作战中耗资巨大，所以对于出兵远隔万里的回疆一事并不积极，英国也从中劝阻，建议中国承认阿古柏的喀什噶尔作为藩属国拥有独立地位，但左宗棠却坚决主张出兵。于是，清政府允许左宗棠从外国那里借用并调度所短缺的军费，任命他为钦差大臣，平定回疆的回民动乱。

1876年，左宗棠在肃州设立大本营，让刘锦堂指挥全军进军回疆。然而，将数量庞大的军需品运送至遥远的回疆难度非常大。于是，左宗棠在哈密屯田开荒，实现了粮食的自给自足。至于军费来源，除了各省提供的援助金，还有向国内外的商人的借款，条件不是一般的艰苦。

1876年8月，刘锦堂收复乌鲁木齐，平定天山北路，接着又进入南路，攻陷阿古柏新修建的托克逊。次年，他逼迫阿

左宗棠

古柏自杀，于年底夺回了喀什噶尔。

当时的俄国正与土耳其酣战，战争结束后，便开始煽动回民继续暴动，并继续占领着伊犁。对此，左宗棠坚决主张武力收复伊犁，但最后清政府还是采纳了李鸿章的意见，决定通过外交谈判解决问题。

对俄谈判

清政府在天津事件时曾派崇厚作为谢罪使前往法国，这次又派他与俄国谈判伊犁返还事宜。1879年1月，崇厚抵达圣彼得堡，要求俄国按照之前的约定归还伊犁，但俄方非但不答应，反而向中方索要长期以来维持伊犁地区秩序的补偿经费，谈判由此拖延。而罹患思乡病的崇厚因回朝心切，9月在沙皇的避暑地里瓦几亚仓促地在条约上签了字，作为俄国归还伊犁的赔偿条件，同意将霍尔果斯河以西地区和帖克斯河流域土地割让给俄国，在通商上给予俄国特权，并向俄国支付500万卢布的赔款。

总理衙门在得知《里瓦几亚条约》(《中俄交收伊犁条约》)的消息后，向西太后请求征询督抚们的意见，除了主战派的左宗棠主张亲自收复伊犁，还有很多强硬论者。西太后在强硬派的施压下，将崇厚交给刑部审议，崇厚最终被判死刑。

各国公使听闻这个消息后很是震惊，共同商议对策。虽然他们当中有人认为对崇厚的指责攻击是反欧情绪的一个体现，欧洲各国公使发起抗议只会造成事态的进一步恶化，但他们最终形成的意见却是必须顺应欧洲内部舆论发起抗议，并以因外交谈判失败而处罚使臣违反了国际惯例为由，向清朝申请赦免崇厚。

尤其是，震怒的俄国与清廷的关系变得凶险起来。于是，清政府将当时正在印度，曾担任常胜军指挥官的戈登紧急召唤到北京，咨询了他的意见。戈登给出了两条对策：一是如果开战，就烧毁北京郊区，将古书和皇帝转移至国家中央，开展五年的游击战；二是如果想和平解决，就放弃被俄国封住入口，中国无实质控制权却需要不断投入资金和人力的伊犁。另外，国内也有谨慎论。更甚者，连英国维多利亚女王都亲自向西太后要求赦免崇厚。

于是，清政府决定采纳李鸿章的意见，制定了和平解决的方针，召回主战派的左宗棠，派出驻英法公使曾纪泽（曾国藩长子）再次进行谈判。清政府还以俄国同意这一安排为条件，赦免崇厚的死刑。与此同时，也向英法两国请求援助。

曾纪泽

最终，俄国同意谈判。曾纪泽前往俄国首都圣彼得堡，于1881年2月签订了《圣彼得堡条约》(《中俄改订条约》)，清政府在增加赔款至900万卢布的同时，也收复了帖克斯河流域。

就这样，中国通过赔款和割让部分土地，终于收复了对回疆及天山北路的统治权，将之作为"新疆省"纳入州县制的行政组织中。

第十一章　对法纷争——越南问题

印度支那半岛

接下来看一下入侵印度支那半岛的法国和中国之间的纷争。这是一段印支半岛逐步沦为法国殖民地的历史。二战后，随着法国对该地区殖民统治的瓦解，该地区分化为柬埔寨、过去的南北越[①]和老挝四个独立国家。

从地理上看，印支半岛由东京、安南、交趾支那、老挝、柬埔寨五个部分组成，总面积是日本的两倍。独立国基本上依据这个地理划分建立。只有安南被拆分成两部分，北部与东京合并，成为北越，南部与交趾支那合并，成为南越。从面积上看，这四个国家当中，老挝的面积略大一些，其他三个国家的面积差不多。

从民族上看，南北越以越族的越南人，柬埔寨以高棉族

---

① 作者写书在20世纪60年代，南越（越南共和国）政权已于1975年被推翻，越南南北统一。——编注

19 世纪的河内街道

的柬埔寨人，老挝以老挝族的老挝人为主。

这一地区因自古以来频繁受到中国支配，所以和朝鲜半岛一样，受中国文化影响很深。

东京位于红河流域。红河下游的三角洲土地最为肥沃，是大米的重要产地，其中心是河内。东京的北部与中国云南、广西、广东三省接壤。而沿红河航行则可以到达云南，是去往云南的重要通道。

安南位于云南至印支半岛东海岸之间的南向延伸弯曲山脉地带。沿着海岸分布的狭窄平原是生产带，城市多集中于这一片，顺化是安南的古都。

交趾支那位于湄公河三角洲，是大米的重要产地。它的中心是西贡。因湄公河中游水流较为湍急，所以它不能像红河那样被用作通往内陆的水路。

柬埔寨的经济中心由部分湄公河沿岸平原和位于国家

中心的洞里萨湖周边平原组成。首都金边是一座历史悠久的城市。

位于山区的老挝虽然面积较大，但经济上却不具备天然的优势。

天主教传教士

法国的势力基础首先是由天主教的神父们奠定的。

从16世纪起，这一带就已经有了天主教传教活动。一开始，多明我会的传教士曾尝试传教，但并未成功。后来，遭到日本驱逐的耶稣会传教士开始在安南传教，接着又在交趾支那、东京传教。

17、18世纪，越南的黎王朝衰落，权臣郑氏和阮氏分别以河内和顺化为根据地，形成对立，国家处于一分为二的分裂状态。

东京的郑氏迫害天主教，而安南的阮氏为了在与郑氏的争斗中获得葡萄牙人的帮助，对天主教则采取了宽容态度。

1659年，以在中国、东京和安南传教为目标的海外传道会在法国巴黎成立。传道会在路易十四世的支持下开始了传教活动，1662年将总部设在了暹罗的大城。

在该会的传教士中，对法国入侵越南起到最大作用的人物是之后担任阿德兰区主教的皮诺·德·贝尔内[①]。他在海外传道会的学校里接受了传教士教育，1765年离开法国来到

---

① 又称"百多禄"或"伯多禄"。——译注

阿德兰区主教皮诺

交趾支那。不久之后的1773年,越南发生了"西山党叛乱"(1773—1802年的阮文岳叛乱。为与顺化的阮氏区别开来,称之为"西山党"。"西山党"消灭了郑氏、阮氏、黎王朝,后又被阮福映所灭),阮氏从顺化逃到了交趾支那。"西山党"攻入后,阮氏家族被杀,只有年少的阮福映一人幸存下来,皮诺埋伏在他学校附近的树林里搭救了他。

后来,皮诺又在法国募集武器和资金,并在本地治里(法属印度殖民地)组织义勇兵援助阮福映,与"西山党"作战。1799年,58岁的皮诺去世。阮福映终于还是消灭了"西山党",并在1802年统一全国,建立了越南的阮王朝。

然而,在阮福映死后,王位的继承者亲中国而远欧洲,迫害越南的基督教改宗者,在他们的脸上烙火印并流放他们。

这一迫害还波及了外国传教士。1851至1852年,两名法国传教士被处死。对此法国政府发出了强烈抗议,但遭到冷漠回绝。于是法国军舰炮击了顺化外港的土伦要塞。土伦即现在的岘港。

接着，1856年，法国天主教传教士在被拷问后又被杀。次年，西班牙的东京主教被处死。当时正在广东发生的排斥、迫害外国人事件恰好也在同一时期的越南上演着。

湄公河三角洲的三色旗

法国拿破仑三世以中国广西天主教传教士被杀为借口，和英国联手策动了"亚罗"号战争。法国在安南同样也在寻觅掠取领地的借口。此次迫害传教士正好给法国提供了一个很好的契机。

1857年，法国向顺化的越南政府提出了三个要求：（一）保证基督教徒信教自由；（二）在顺化设置法国通商代表；（三）允许法国领事进驻顺化。在《天津条约》顺利签订，"亚罗"号战争尘埃落定以后，法国便立即将与西班牙的共有舰队派到土伦，并派小部队登陆。但此时安南人已全部撤离土伦，因食物短缺和疾病困扰，军队死者众多。于是，法国从土伦撤军，并在1859年2月占领西贡。

不久之后，因《天津条约》的批准问题，中国再次爆发了战争。法国无法继续强化在安南的驻军，只好留下不足千人的西法联军驻留安南，调集其余兵力对付中国。因此，在一年左右的时间里，只有这么一支小规模的驻军在安南军队12000人的包围下艰难地维持着西贡。

中国的战事结束后，法国立即增兵西贡，于1861年2月解除了安南军队的包围。接着法国开始占领各大城市，从 1861 至 1862 年，控制了湄公河三角洲东半以及入口附近的所有小岛。

于是，越南国王屈服，命人在西贡与法国谈判媾和条约。1862 年 6 月，条约完成签订。越南将交趾支那东部三州割让给法国的同时，还支付大额赔款，并承认天主教的传教自由，开放土伦等三港作为通商口岸。

接着在 1867 年，法国吞并了交趾支那西半，又将柬埔寨变成了法国的保护国。

柬埔寨夹在暹罗和越南中间，原本向两国朝贡，维持了表面上的独立。特别是暹罗主张是柬埔寨的宗主国，所以阻挠法国将柬埔寨保护国化。法国和暹罗进行了多次谈判，将柬埔寨西部土地割让给暹罗，让其放弃了宗主权，最终实现了将柬埔寨变成保护国。

就这样，法国控制了湄公河三角洲的全部区域。英国试图开拓从缅甸到云南的通道，法国受此刺激，也想将湄公河开发为到云南的通商道路。推进这个计划的是海军士官安邺（参加过"亚罗"号战争，后参加了西贡的救援部队。当时担任西贡附近的地方官）。

安邺沿湄公河逆流而上来到云南大理，发现这条河并不适合作为通商河道。他又从大理穿过云南，沿着长江而下，回到了西贡。这时他听说红河有望能成为通商河道，便想到了开发红河。

就这样，法国的关注点从湄公河三角洲转移到红河三角洲，但因欧洲普法战争的爆发此计划不得不暂停。

安邺

三色旗进入东京

在从云南回程的途中，安邺在汉口与法国商人迪皮伊见了一面。对于从事云南贸易的迪皮伊来说，安邺可以将红河开辟为云南通商道路的这一报告是个好消息。他立即从汉口来到云南，在和为平定回民动乱而感到棘手的清军提督马如龙签署了武器弹药销售约定后，回到了汉口。

他考虑利用红河运输武器弹药。为了探索水路，他于次年进入云南，在马如龙提供的护卫队的保护下，从云南来到蛮耗，又沿着红河水路一路下行，验证了利用该水路的可行性。于是，他又回到云南，接受了马如龙的运输委托，来到巴黎采购武器弹药。他想从法国政府那里获得支持，但由于普法战争的爆发，只得到了精神上的支持。

迪皮伊在香港组织船队，在西贡法国当局所派遣的军舰的护送下前往河内。还未来得及等到越南当局的许可,他就在1873年初将军需品运送到云南,交给了中国军队。

然而,此后的水路利用遭到了越南当局的强烈阻挠,于是迪皮伊召集中国人和菲律宾人,组织私兵与之对抗。

顺化的越南当局以迪皮伊在东京的行动违反了法越两国间的条约为由,向西贡的法国总督杜白蕾要求停止迪皮伊的行动。迪皮伊也向总督求援。

杜白蕾认为这是对东京进行武力干涉的一个好机会,从而向法国政府请求允许其自由裁量。但政府命令其避免武力干涉。然而,杜白蕾却派了以法国人为主的两百余人军队跟随安邺,在迪皮伊和地方官之间调停。

安邺在1873年11月抵达河内试图调停。但当他看到地方官并没有回应的意思时,便于数日后结束调停,并宣称要将红河开放为通商口岸。当地方官准备应战时,安邺又率军袭击并占领了要塞。他利用志愿军增强了军队,实现了对红河下游的控制。

安邺想和顺化政府谈判,但河内的地方当局却向黑旗军请求了援助。

当时,广东和广西的暴徒在被讨伐后,逃到了中国和东京的交界地带,组成了黑旗军。他们控制红河水路,靠着向经过的商人收取关税维持生活,其首领是刘永福(广东钦州贫农出身,在广西加入了天地会,太平天国之乱后遭到讨伐,逃亡东京并组建了黑旗军)。另外,对付不了黑旗军的越南当局因向两广总督请求了援助,所以两广总督派出的讨伐军也来到了这里。这两支队伍应河内当局的请求攻讨安邺,安邺战死。

法国因刚结束普法战争,所以无法采取强硬措施。杜白蕾应政府命令,从东京撤军,并在1874年和越南签订了《西贡条约》。由此,法国承认越南独立,并与之结成同盟,将东京和红河开放为通商口岸。

再入东京

《西贡条约》的签订一方面是法国软弱的体现,另一方面也是中国军队援助威力的彰显。因此,在法军撤退后,越南对传教士的迫害又开始了。此外,还发生了黎氏叛乱。云南回民在遭讨伐后逃至东京,以讨伐他们为名义,中国军队也驻扎了进来,再加上黑旗军在打败安邺军队后士气高涨,东京变得一片混乱。但越南国王却利用这种混乱来反法。因此,东京和红河的通商对于法国人来说非常危险。

法国在越南势力的扩大使得中国对越南的关心加深。总

黑旗军刘永福

理衙门向北京的法国公使发出了声明,称越南是中国的属国,中国不能坐视不理。中国驻法公使曾纪泽也向法国外交部门发表了相同主旨的声明。所以,如果法国为了保护东京、红河通商安全而采取措施动用武力的话,那么将不可避免与中国发生冲突。

然而,1880年以后,从普法战争阴影中走出来的法国和其他欧洲列强一样采取了领土扩张政策。因为欧洲资本主义的发展需要新的领土进行投资。

基于《西贡条约》第二条辅助越南国王维持国内秩序的规定,为恢复东京秩序,保障通商安全,法国政府于1882年授予海军上校李维业炮舰和陆战队,命其前往河内。

但是越南当局反对这个不请自来的帮助,也不同意签署包括让中国军队撤退在内的协约,于是李维业占领河内,在黑旗军的围攻下,坚持了一年。

在此期间,清法之间也在继续着外交谈判。曾纪泽一方面向法国政府主张越南是中国属国,另一方面向清政府建议说服越南开放红河,以此消除法国的口实。李鸿章对此表示反对,他认为开放红河将法国人放进云南无异于引狼入室。他派了马建忠(1877年作为福州船政局首批留学生到英法留学时,被李鸿章派往法国研究法政,1880年回国)前去与法国公使宝海谈判。1882年11月,双方交换了备忘录:(一)中国从东京撤兵,法国不侵犯越南领土和主权;(二)允许在红河与云南通商;(三)红河以北由中国、以南由法国负责保护,以防范外敌。

然而，次年1883年初，法国第二次茹费理内阁成立后，认为宝海过分让步而将其召还回国，转而主张对越南采取强硬策略，并得到了议会的认可。5月，因李维业在河内接到黑旗军的挑战后战死，法国政府派出了波滑将军和孤拔（Courbet）提督麾下的远征军。

而另一方面，法国又将驻日公使脱利古派到上海，让其与正在服丧归任途中的李鸿章谈判。李鸿章以对方不是全权大使为由不予回应，回到了天津。

中法战争

法军于8月抵达，波滑率领陆军前往河内，孤拔率领海军前往顺化。孤拔攻陷了顺化要塞，强迫越南签订了《顺化条约》，将越南变成保护国。

中国（清朝）发出抗议称，法国与越南之间签订的条约不被中国承认，是无效的。中国一方面加强在东京的兵力，一方面在背后支援黑旗军，引发了中法两军的冲突。

法国加强在东京的兵力，逐个攻破了由中国兵守卫的城市。另一方面，1884年5月，在德璀琳（由李鸿章亲自任命的中国海关德国人税务司，此时作为广州税务司刚上任）的斡旋下，法国派福禄诺（法国海军舰长）到天津与李鸿章谈判，两者之间达成了协议：（一）法国尊重并守卫中国的南方边境；（二）中国撤退驻扎在东京的军队；（三）尊重过去及未来法国和越南之间的条约；（四）法国不要求赔偿，中国允许法国在越南边境与中国通商。基于这个协议，原计划在三个月内签订正式条约。

然而，西太后和主战派并不认同放弃越南的宗主权以及允许法国在越南边境与中国通商。由于军令不统一，中法两国军队在谅山发生了冲突，战争再次爆发。

法国指责中国违约，要求其履行与福禄诺的协议，做出赔偿，并派孤拔舰队北上（此时李鸿章并未出动北洋舰队，因为他担心北洋舰队覆灭）。于是，清政府派左宗棠到福建，派淮军武将刘铭传到台湾进行防卫。

在美国的斡旋之下，清朝命两江总督曾国荃于7月与驻扎在上海的巴德诺谈判。

其间，北上的八支孤拔舰队由福建马尾入港，这里是福州船政局所在地，也是中国海军的根据地。因上海的媾和谈判正在进行中，舰队受到了中方的欢迎。但由利士比所率的四支舰队于8月初抵达基隆港，炮击炮台，企图攻占基隆，最后被刘铭传率领军队击退。

清法两国在北京和上海两地的谈判，因中国主张越南是藩属国以及不同意赔款，未能成功。北京的代理公使在8月21日发出了最后通牒。正在马尾入港的孤拔舰队在23日午后接到命令后发起了突然袭击，数分钟后，击沉了停泊在附近的中国船舰并破坏了船政局。紧接着，孤拔舰队又向台湾淡水发起进攻，占领澎湖岛屿，封锁了中国东南海岸。从次年2月起，他们控制了米粮的北方运输通道，打算迫使中国妥协。但这一举动反而引发了与英国的矛盾。

法国政府之所以着急讲和，是因为法国国内对茹费理内阁做法的批判越来越多。而另一方面，1884年12月，中国在朝鲜汉城（首尔）与日本发生了冲突（甲申事变），中国担心一旦处置不当，法国将有可能与日本联手对付中国。英国公使敦促李鸿章赶快处理与日法两国间的问题。

然而，1885年3月，法军在谅山败北，丢下了所有的武器和粮食，宣告撤军。这个消息传到国内后，3月底茹费理内阁倒台。

就这样，法国妥协，4月初在巴黎确定了预备协约。以此为基础，6月李鸿章在天津与巴德诺谈判，签订了媾和条约。由此，越南完全沦为法国的殖民地，法国解除了对澎湖岛屿的占领及其沿岸的封锁，中国开放中越边境的城市为贸易口岸（1887年的追加条约又增开了广西龙州、云南蛮耗和蒙自为通商口岸）。这一条约签订的结果是，中国放弃了对越南的宗主权，法国放弃了赔款要求。

第十二章　对日争端——琉球、台湾问题

琉球

前两章讲述了俄国、法国对中国藩属国的侵略。琉球以及接下来要讲述的朝鲜问题,是日本企图将中国藩属国领土化而引发的问题,台湾问题也是由此引发的。

从佩里舰队叩关算起,开国仅有十几年的日本就已经有了向海外扩张领土的野心,这是一个很有意思的事情。这也是明治日本向欧洲列国学到的内容之一。

明治日本的目标是学习欧洲列国的富国强兵之策。在日本,由于所有土地大小是衡量贫富的标准,领地大小是藩势力的基础,因此自然而然就以领土大小来衡量国力强弱,产生了为了实现富国,必须要扩大领土的观点。而且,国内也有扩大领土的需求。

1609年萨摩藩主岛津家久征服琉球后,琉球与萨摩藩结成了臣属关系。而另一方面,琉球也向中国朝贡,被清国封为

中山国。幕末时期，萨摩藩以琉球为中转地开展对外贸易。佩里在抵达首里（那霸）时，将琉球理解为日本的属国。因此，虽然美国已在1853年与琉球订立了条约，要求其同意设置贮炭所，但1854年在与日本谈判友好条约时，又提出了首里开港要求。除了美国，琉球还在1847年与法国、荷兰签订了条约。

明治维新以后，明治政府在实行废藩置县的第二年，即1872年将琉球改为琉球藩，国王以藩主身份居于华族之列。因琉球仍需继续履行此前签订的一系列条约，所以日本就将它交给外务省管辖，并向各国做了通告，没有收到异议。就在这个时候，台湾问题爆发了。

1871年，琉球岛民66人漂流到台湾南部海岸，其中54人被当地蕃人杀害。两年后，备中小田县（现在的冈山县）人漂流至此遭到抢劫。这样的事件不仅发生在日本人身上，1867年，在台湾南部海岸遇难的美国船只"罗佛"号船员也遭到杀害。

出于以下两个原因，这一事件引起了日本当局的重视：一方面，日本可以借机主张琉球是日本领土；另一方面，日本可以讨伐蕃人，将蕃人领地占为己有。

将矛盾向外转移

发出这一倡议的是副岛种臣，他尊佐贺锅岛藩的国学家为父，是该藩尊王攘夷的领导者。据说，他在1871年（明治四年）当上外务卿后，要求外国公使在觐见天皇时按日本礼仪行"座礼",是个国权意识很强的人物。1872年,当载着苦力的秘鲁"玛利亚·卢斯"号停靠横滨时,他释放了船上的所有苦力,引起了世界的关注(苦力指中国劳工,出身于福建、广东一带,受中介欺骗,作为合同雇佣的移民被送到秘鲁矿山,受到奴役驱使)。

副岛似乎想以琉球民被害事件为借口远征台湾,并将之收入囊中。

1873年,因《中日友好通商条约》批准事宜和庆贺同治帝亲政,副岛来到了中国。他派随员柳原前光和郑永宁来到总理衙门,询问中国同澳门和朝鲜的关系,与此同时也搬出琉球民遇害事件以追究责任,但他们得到的回答却是,生蕃是"政教不及"的"化外之民"。总理衙门将这个台湾蕃人问题禀告李鸿章以征求他的意见,李鸿章认为,此前英美船只也曾遇害,他们虽前去征伐,但最后也并没有个结果,日本国力弱小,更不会有什么结果。

副岛原本打算回国后立即征台,不过当时的日本,正如下文所说,征韩论沸沸扬扬,副岛也成了其中的一员,但遭到了岩仓具视、大久保利通、木户孝允等从欧美考察归国的所谓"文治派"的反对,于是辞职离去。

然而文治派政府采纳了副岛留下的征台论。文治派虽然反对征韩,但为了把以萨摩藩为首的不满武士施加给新政府的压力转移到海外,决定采纳征台论。大久保和大隈重信成为推进计划的核心人物,制定了"台湾蕃地处分要略",这在1874年2月获得了政府承认。对此持反对意见的木户辞职离开。

这一计划是，将"政教不及"的"化外之民"的生蕃居住地是无主之地，日本藩属国琉球人遇害，日本采取报复手段是日本的义务所在作为理由，将征台论正当化。

美国人李仙得（法裔）参与谋划征台，他担任过美国的厦门领事，曾参与美国的讨伐台湾蕃人行动。他在结束任期归国途经横滨港时，经由美国驻日公使德隆推荐，受雇于外务省。

进入4月以后，日本设立了"台湾蕃地处分事务局"，任命参议大藏卿大隈重信为局长，西乡隆盛的弟弟陆军中将西乡从道为蕃地事务都督。4月初，西乡率领两艘军舰从东京出发，在途经鹿儿岛时募集了两百多名志愿军藩士，将他们与集结在长崎的兵力合并，共计三千几百名的兵士带着军需品，乘坐着军舰和英美的雇佣船扬帆起航。

然而，了解征台论的英国公使对外务省进行干涉。虽然美国公使德隆最为积极支持日本征台，但他的继任公使却强烈反对。他们之所以反对，是因为中国主张蕃地是中国版图，因此向英美等国的驻清公使发出了要求并施加了压力。英美的雇佣船被取消，李仙得也被美国公使召回。

就这样，日本政府决定停止征台，紧急致电已经抵达长崎进行指挥的大隈，并让其将这一命令传达给了西乡。然而，西乡并不顾政府的暂缓命令，他表示如果政府中止征台，自己将逃亡并坚持；如果清政府发出抗议，可以说这是逃亡者的行为，与政府无关。于是他送走了李仙得，留下之前雇佣的英美船只，又另外买入了英美船，率领军舰在4月末5月初前往台湾。

征台始末

征台船只在 5 月下旬抵达琅峤港（台湾南端恒春西海岸），立即降伏了南部十八社中的七社，抵抗最为顽强的牡丹社也在 6 月初被攻占。随后，其他蕃社也在 8 月之前纷纷投降。

日本的征台军刚启程，李鸿章便将唐定奎麾下的 6500 名淮军交付福州船政局局长（船政大臣）沈葆桢，用招商局的船只运送到台湾。但淮军被禁止轻举妄动，以免与日军发生冲突，所以也没有酿成大事。

在此期间，日本与中国之间的外交谈判也在继续着。日本派柳原前光来到中国，并让他向中国解释：因蕃地是中国政权不及之地，此次讨伐是为了安抚良民，而不是为了挑起和中国的战争，而且琉球自古以来就归服日本。

柳原前光经上海前往天津和李鸿章进行谈判。尽管李鸿章对这个年仅 24 岁的年轻人的才能感到惊讶，但还是很草率地应付了他，称这样的事并不是友好缔约国该做的，为不破坏邻交，最好尽早撤兵。之后，柳原又与总理衙门大臣交涉，双方都不让步，谈判没有进展。

8 月，台湾军事行动告了一段落，大久保利通亲自出马交涉。李鸿章知道大久保利通要来，便传达总理衙门，大久保是维新名臣，要予以礼遇，并建议："琉球人遇害事件已经过去三年，福建省并未采取任何措施，是我方的过错。因此，如果到了万不得已之时，可考虑抚恤琉球被难之人。此外，考虑到出征兵士远道艰苦，可给些赏赐，让其撤兵。因海防非急切所能周备。"①

大久保与总理衙门大臣进行了多次谈判，谈判数次几近崩裂。最后，在英国公使韦德的调停下，双方签署了《中日北京专条》(《北京专约》)，清朝承认日本出兵是"保民义举"，赔付受难民10万两抚恤银，赔付日军在台湾修建道路、房屋等费用40万两白银，共计50万两白银，在日军撤退之日赔付。清朝承诺日后要管制蕃人，以防其再次加害漂流民。至此，征台事件告一段落。

关于琉球归属问题，由于条约里写道"兹以台湾生蕃曾将日本国属民等妄为加害"，此外是由中国来支付琉球受难民的抚恤银，日本间接地使中国承认了琉球是日本领地。

征台原本需要花费700万日元，福泽谕吉将中国赔付的50万两白银（约60万日元）称作"为国可贺之事"，言称"观我今日之模样，再与支那对比，谁更得意，自不待言"，十分欣喜。

格兰特调停

琉球在置藩后，仍未停止向中国派遣朝贡使节，保留了福州琉球馆，这成了中日两国间的问题。

日本为了进一步解决琉球问题，在西南战争结束、国内

---

① 原文为："平心而论，琉球难民之案，已阅三年，闽省并未认真查办，无论如何辩驳，中国亦小有不是。万不得已，或就彼因为人命起见，酌议如何抚恤琉球被难之人，并念该国兵士，远道艰苦，乞恩犒赏，饩牵若干，不拘多寡，不作兵费，俾得踊跃回国。"——译注

在恭亲王宴席上的格兰特

局面安定后，于1879年趁中俄两国因伊犁问题发生纠纷之际，改琉球藩为冲绳县，将旧藩主列入华族，安置在东京。

琉球国王派使节到李鸿章处，报告了这一消息，请求得到援助。湖南知名学者王先谦等人愤慨于日本对台湾、朝鲜和琉球的"毛贼行为"，上疏主张派军舰讨伐日本。但李鸿章的意见却是："日本国小而贫，势力原不及欧美，近来因模仿欧美人，潜心研究练兵和武器制造，国势得以大振。中国海军尚不齐备，军费亦不充足，若日本不再得寸进尺，还是基于条约进行谈判比较稳妥。"

于是，总理衙门向日本驻清公使发出抗议称："琉球是中国的藩属国，与各国都签署了条约，贵国若灭琉球，不仅会损害贵国名誉，也有悖于各国舆论，故希望即刻停止改琉球为县之举。"

在两国文书往来相互反驳之际，美国前任总统格兰特（南北战争时北军的司令官）在周游世界的途中访问了中国。因中国向格兰特诉说了琉球问题，他在抵达日本后，提出要在两国间进行调停。他给恭亲王和李鸿章写了信，指出中国写给日本的文书措辞欠妥，令日本人大为愤怒，而日本并非想对中国挑起事端。为此他建议，中国撤回文书，双方和衷共济，协商解决问题，不要给试图利用两国间纷争从中谋利的通商大国以可乘之机。

于是，在格兰特的调停下，两国分别派委员进行谈判。日本提议将琉球南方的宫古、八重山二岛让给中国，与此同时提出修订《中日友好通商条约》，要求清政府给予日本和欧美人同等的通商特权。对此，中国提议将琉球三分化，北部归日本，南部归中国，中部留给琉球王国复国。但中国因还有伊犁问题有待解决，担心日本会与俄国联手，所以最终还是同意了日方的提案，同意将宫古、八重山两岛划归中国，修订《中日友好通商条约》，中日两国互享最惠国待遇。

然而，这一结果遭到了李鸿章的反对，谈判中途夭折。不久，就爆发了日清战争，战败后的中国不得不承认日本对琉球的处置办法。

第十三章　朝鲜的动向

朝鲜问题的重要性

在传统国际秩序下隶属中国的藩属国，由于近代化国际关系中的实力较量，在从中国统治下逐步分离出去的一连串过程中，朝鲜问题是最后一个，也是意义最为重大的一个。

朝鲜接近中国的政治中心，在藩属国中，与中国的关系也最为密切，每年都进行朝贡。这与每三年朝贡一次的越南有着明显的差别。

另外，在学问、思想和伦理方面，中国统治阶级读书人的价值观是朝鲜统治阶级"两班"（位于中人、常民之上，拥有科举考试资格、免税特权、常民指使权）共通的修养基础。

再加上，朝鲜与清朝的发祥地满洲接壤，靠近中国的政治中心，因此，朝鲜纷争必然是中国切实要关心的问题。对于远在南方的越南问题，中国尚且都竭力主张宗主权与法国抗争，何况朝鲜比越南同中国关系要密切得多，且紧靠中国权力的中心。所以不难想象中国对于朝鲜宗主权问题的关心。事实也是这样，中国为了朝鲜问题投入了主力。因此，朝鲜问题的失败将会直接打击到中国的国家权力。

中国的朝鲜宗主权受到的最大挑战来自日本。中日之间的抗争既是亚洲领导权之争，也是亚洲传统体制与近代体制之争。

另一方面，因柏林会议失败而在巴尔干进攻受阻的俄国也意欲染指朝鲜，此外对俄国保持警戒的英国、关注朝鲜迫害天主教徒问题的法国，以及关注朝鲜经济开发问题的美国也开始着眼于朝鲜。鉴于此，朝鲜问题很大可能会演变成国际问题。

朝鲜问题有着多重意义，可以不夸张地说，中国的败退确立了此后50年间亚洲历史的方向。

日本和朝鲜

日朝关系因丰臣秀吉发兵而破裂，但在对马藩的努力下，1609年5月，日朝订立了条约，恢复了关系。之后，每逢新的将军上任，朝鲜均会派出通信使前往祝贺。将军使用"日本国大君"的称号，令对马藩的宗氏派遣使节回赠答礼［新井白石认为，"大君"是朝鲜臣下的职位（实际上是国王嫡子之号），与天子之号也很相似，出于忌讳，幕府改"日本国大君"为"日本国王"，但仅改了一次，之后又恢复了"大君"的叫法］。

通信使一行有数百人，在对马藩的向导下，来到江户。

朝鲜使节进入江户

因往来接待需要大量的马匹、人力和费用，之后新井白石对此进行了改革。

总之，江户幕府时期的日朝关系由对马藩掌管。此外，对马藩还垄断了对朝贸易，每年都会派船只到釜山开展贸易。这些贸易船只在每年正月到八月间，分八次去往朝鲜。这种贸易，是被称为"进上"（之后称为"封进"）的物品与被称为"回赐"的物品之间的物物交换，实质上是对马藩对朝鲜的朝贡贸易。

釜山设立了倭馆（起源可追溯至15世纪中期，起初是设在汉城和指定港口的客馆，后来只限于釜山浦），和对马藩的贸易就在这里进行。釜山倭馆类似于长崎的出岛、广州的夷馆，对马藩相当于长崎的荷兰东印度公司、广州夷馆的英国东印度公司。

除了向日本将军派遣通信使、同对马的宗氏在釜山进行贸易、向中国进行每年一次的朝贡贸易，朝鲜是和外国没有任何关系的锁国状态。

明治政府成立后，日本试图恢复自1811年通信使来日后就已断绝的对朝邦交，并一改江户时代的对等关系，以上位国家的身份向朝鲜派遣使节。

对此朝鲜出现抵抗也是当然的。朝鲜国内反日风潮高涨，对釜山倭馆的压迫日趋严重。

当时的朝鲜由国王李熙的父亲大院君摄政。1866年，面对来江华岛抗议迫害天主教的法国舰队，他组织义勇军进行抵抗。由500名猎人组成的义勇军奇袭了160名江华岛鼎足山城的法国海军，法国舰队被迫撤退。此外，他还火烧了意图与朝鲜通商而入侵大同江，因水位降低而搁浅的美国武装商船，并将船员全部杀害（1866年"舍门将军"号事件）。在上海的德国人对此颇为愤慨，入侵牙山湾，想要盗掘大院君亲生父亲南延君的墓穴，但也被民众击退（1868年奥贝特事件）。

拥有如此攘夷经验的大院君，面对日本的高压态度，当然不会那么轻易就妥协。

征韩论

明治维新后，日本的朝鲜政策大致分为三个流派：

（一）断绝一切国交的消极方案。

（二）木户孝允的建议——纯粹以国内对策为基石的"征

韩论"。木户及其部下大隈重信、伊藤博文推行的内政改革招致了士族的不满，因此有必要将不满向外部转化。基于这点，木户构思了"征韩论"。但士族阶层强烈反对这一主张，横山正太郎（后来的文部大臣森有礼的胞兄、鹿儿岛藩士）在集议院门前怀抱意见书自杀。意见书中写道："主张征韩论者，终究是因对我皇国萎靡不振感到痛心。但起兵须有名有义，岂能不谨慎？今朝鲜之事可暂且搁下，不得不先察明我邦形势，谋求以德服人。"

（三）大久保利通指导的太政官的建议。他们接受了士族反对派的要求，寻找在主张"征韩论"之前先与清国签订条约，通过外交谈判途径解决朝鲜问题的办法。这就有了后来柳原前光的中日邦交谈判、伊达宗城和李鸿章之间的正式谈判。伊达提议的条约案是与《天津条约》相同的不平等条约，李鸿章一口予以回绝，决定采用规定了意在阻止日本侵略朝鲜的"属领不可侵"和中日两国相互援助的中国提案。中日对等邦交就这样实现了，但是解决朝鲜问题的期望却并未达成。

就在外务省提议的朝鲜问题解决方案停滞不前时，日本的列强对策也陷入了困境。以岩仓为首的政府要员集体出马进行的条约修订谈判也进展不顺，岩仓和大久保的外交活动均以失败而告终。西乡隆盛利用这个时机，再次提出"征韩论"。他计划通过对朝鲜发动全面战争以实现控制激进的内政改革和建立以士族为中心的"武政"国家的幻想。西乡一边以"若不征韩，士族定会暴动"威吓政府，一边为获得战争名义，提议派宣敕使到朝鲜，以朝鲜拒绝接受国书为由故意挑起事端，待宣敕使被杀后便立即出兵。他自告奋勇主动请命作为宣敕使前往朝鲜。

在士族反对派支持的西乡的威吓下，朝议姑且同意了派西乡前往朝鲜，但这遭到从欧洲归来的岩仓、大久保和木户的强烈反对。他们的理由是，对朝鲜全面发兵势必会引发国内民众暴乱。也就是说，从明治四、五年起，强烈反对近代天皇制国家权力的"竹枪"骚动①，才是最值得忧虑的。

岩仓等人在欧洲目睹了巴黎公社成立后不久法国民众的暴动实况，估计正是深受这个影响。就这样，他们反对发动朝鲜全面战争，与此同时调低地租以缓解民众暴动。对于那些不满的士族，他们则感到有必要通过局部战争使之分裂。为此他们在推行征台之战的同时，也计划了对朝鲜采取武力行动，即江华岛事件。

朝鲜开国

1875年9月20日，由井上良馨指挥的云扬舰（245吨，65名船员）入侵有要塞的江华水道，开始擅自测量。草芝镇炮台对日军发动炮击，但被击破。永宗镇也在日本的报复攻击下被占领。

日本政府声称测量是为了船上的燃料和淡水补给，并扬言，在没有警告的情况下发动炮击是对日本国旗的侮辱。实际上，这是由大久保利通、川村纯义（海军大辅）、寺岛宗则

---

① 指代百姓暴动。因暴动者的主要武器就是竹枪。——译注

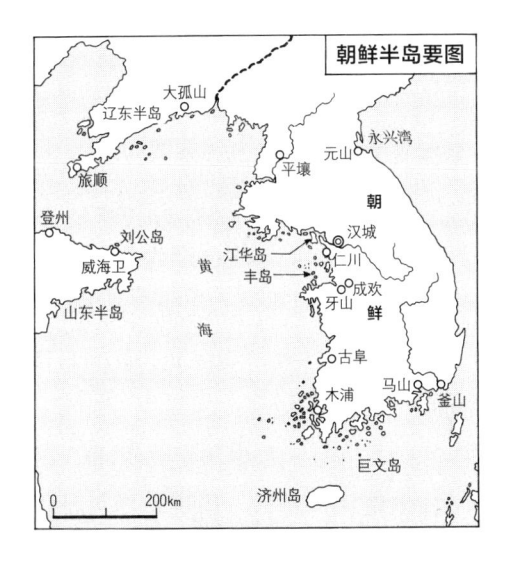

（外务卿）等鹿儿岛派人士早就策划好的行动。

但长州派的木户孝允主张此举止于示威和恫吓就可，不赞成发动局部战争，因为局部战争的爆发也会给企图发动全面战争的征韩派士族以可乘之机。于是，除了作为全权代表被派往朝鲜的黑田清隆一行人，他又派出了自己人井上馨和末松谦澄，以此牵制黑田，并对随行的兵力也做了严格限制。

1876年2月11日正午，顶山岛洋面日本小舰队的隆隆炮声响彻朝鲜山野。这名义上是庆祝纪元节的皇礼炮，真正目的却是在向朝鲜官民示威。

下午1时，全权代表黑田清隆身着陆军中将大礼服，态度峻肃地进入江华府。黑田的目的是缔结通商条约。他表示，如果朝鲜政府同意，将不追究对云扬舰的赔款。全权代表团的舰队由单桅舰"日进"号、炮舰"孟春"号、运输舰"高雄"号以及三艘轮船组成。这样混合商船的小型舰队，是模仿了 23 年前佩里提督的做法。他们在商船上装载野战炮，将包括士官在内实际上仅有 262 人的兵力伪装成 4000 人的规模，并威胁说后续军队正在运送途中。

日本发出这样的威胁，用寺岛外务卿的话来说，是试图在朝鲜重演佩里当时在日本的所作所为。黑田要求朝鲜脱离清国宗主权"独立"，实现开港、设立租界和自由通商，并对朝鲜的拒绝发出了最后通牒。

就这样，2 月 26 日，日本和朝鲜签订了《江华条约》（正式名称为《日朝修好条规》）。朝鲜将江户时代通商关系中所承认的所有可扩大解释的条款全部许给日本，但拒绝了公使的汉城常驻权、内地通商自由以及最惠国条款等内容。因此，朝鲜并不是完全开国。但是，承认自由贸易原则，从条约上否定清国宗主权，在条约文本中首次使用开国纪元（此前的朝鲜一直奉中国为正朔，使用中国王朝的年号）等，具有划时代意义。日本成功打下了分割中国和朝鲜的第一支楔子。

次年 1877 年 1 月，日本与朝鲜在釜山签订了《租界条约》，延续了旧倭馆的特权，在釜山设立特别居留地。同样的居留地此后也被设置于元山、仁川。居留地内日本人之外任何人都不得拥有土地，元山等地甚至一律禁止外国人登陆，它是战时军队的登陆地，可以说是日本领土的延伸。

大院君被捕

1873 年，朝鲜废止了极端保守的大院君摄政，由国王李熙亲政，但王妃闵氏干政，其一族掌握了实权（朝鲜称外戚政治为"世道政治"。自英祖朝以后，由于王家孤立弱化，外戚掌握政治实权成为常态）。

《江华条约》签订后，朝鲜派往日本的修信使在日本受到优待。日本劝其提防俄国南侵。此外，修信使一行还目睹了日本近代化情形，之后方才回国。此后，朝鲜政府内部便形成了效仿日本进行改革的革新派，与以中国为上国、唯中国马首是瞻的保守派对立。

1880年，汉城开设日本公使馆，花房义质担任首任公使。

担忧俄国南侵的井上馨外务卿希望将朝鲜置于列国的共同保护之下，于是利用朝鲜修信使来访的机会，劝说其开放与列国的通商关系。中国的李鸿章也在英国劝说下，指导朝鲜与列国签订条约。李鸿章应美国之请，居于朝美间调停，促成朝鲜签订了《仁川条约》。然而，与李鸿章想要维持朝鲜中国藩属国身份的意愿相反，最后产生的结果却是美国将朝鲜作为自主独立国对待。

之后，朝鲜又与英国、德国、意大利、法国签订了《汉城条约》，向世界打开了门户。除了美国，这些国家均承认中国的宗主权，令驻清公使兼任朝鲜公使。

另一方面，既是最早签约国也是最早设立公使馆的日本使得朝鲜在日本的影响下形成了革新派（开化党、独立党），通过革新派指导朝鲜改革，扶植革新势力。

然而，卸去了政权的大院君对专权的闵氏一族以及煽动革新派的日本颇为不满。为除掉日本势力，他鼓动因拒发薪水而不满的旧军队于1882年7月发起暴动。暴兵的一支闯入宫中，杀害闵氏一族，而后又袭击了新军队的兵舍，杀害了日本教官，并烧了日本公使馆。花房公使等人逃至仁川海面，乘坐英国测量船回到了长崎。大院君软禁国王再次掌权（壬午事件）。

此时，李鸿章正因母丧在家乡丁忧，直隶总督北洋大臣由张树声暂为代理。张树声在接到这个消息后，立刻命丁汝昌率军舰与马建忠一道前往仁川。

花房公使在军舰的护送下返回汉城，中国也在马建忠的建议下，将此前因为伊犁事件防卫俄国而驻扎在山东省登州的吴长庆麾下淮军送往朝鲜。吴长庆抓捕了大院君送至天津，镇压了暴动，恢复了国王亲政。至此，中国军队抢占了先机。

此时，在中国，虽然有人主张"精炼水陆军以讨伐日本"，但李鸿章并不赞成这一强硬论，他称"若必跨海数千里与角胜负，制其死命，臣未敢谓确有把握。东征之事不必有，但东征之志不可无"，并劝说朝鲜与日本签订了《济物浦条约》（赔偿日本遇害者5万日元、日本损失和出兵费50万日元，在日本公使馆安排警卫兵，派大使到日本谢罪）。

朝鲜暴动之际，中日两国共同向朝鲜出兵，而未引发冲突。但两国军队这样原封不动地驻留朝鲜，两军发生冲突的危险也随之增加。

被送至天津的大院君李昰应在接受调查后，被监禁在保定，禁止回国。中国担心他的回国会引起朝鲜混乱。

独立党和事大党

进驻朝鲜的吴长庆训练朝鲜军队，选拔朝鲜少年送至天津机械局学习武器弹药的制法。负责朝鲜军队训练的是吴长庆的幕僚袁世凯，他以此为契机获得了李鸿章的认可。

袁世凯出生于河南省项城县一个大户人家。他没有专心于科举考试的学习，而是在军队中崭露头角。当时他仅有22岁，相当于从士官学校毕业的年纪。

1882年壬午事件之际，李鸿章之所以采取妥协态度，是因为担心与日本战争会在列强面前暴露中国的软弱无力。但事件结束后，他采取了多方面措施加强中国对朝鲜的控制权。

1882年10月，李鸿章命天津海关道周馥与朝鲜使节签订《中朝商民水陆贸易章程》，正是出于这个意图。

这是中国对朝鲜的不平等通商条约。通过该条约，中国商人在朝鲜享有领事裁判权。此外，招商局的轮船每月一次往返于两国之间，由朝鲜负担部分费用。

李鸿章又让穆麟德（德国人，曾担任天津德国领事代理，后被李鸿章拉拢过来）管理朝鲜海关，兼任外交顾问——相当于罗伯特·赫德在中国扮演的角色。

在中国加强对朝鲜宗主权之际，日本也努力在朝鲜扩大势力。作为壬午事件谢罪使而赴日的朴泳孝一行人惊叹于日本的发展，在其归国后，以少壮官僚为主的革新派势力更加强大，他们想要排除中国干涉，断然推行以日本为范本的朝鲜革新。日本返还了壬午事件赔款中的40万两，用以支持革新派。

对此，以闵氏一族为首的达官显贵（事大党）依赖中国，在中国的授意下镇压革新派，遏制日本势力的入侵。

日本和朝鲜革新派趁着中国为防备法国舰队北上而令吴长庆移驻金州，驻屯在朝鲜的中国军队减半之际，意图打倒中国势力和守旧派，夺取统治权。

1884年12月4日，革新派在汉城邮政局开局仪式上，在隔壁纵火，使会场陷入混乱，刺杀了出席仪式的守旧派巨头闵泳穆，并向王宫投掷了炸弹。另一方面，朴泳孝等人将李王移至别宫，谎称王命，向竹添公使请求警卫王宫。于是，竹添公使率领公使馆的一支守卫兵中队前往王宫负责警卫。次日，革新派杀害守旧派阁僚，组建了革新派内阁（甲申事件）。

然而，从老早开始就警惕日军突袭从而一直全副武装进行训练的中国军队在袁世凯的率领下出兵，随后日军溃败，竹添公使率兵退回公使馆，追击的中国兵烧毁了公使馆和日本兵营。竹添公使等人逃回日本，但大量居留民被杀害。

1885年，日本派井上馨领兵前往汉城，向朝鲜索取赔偿，另一方面派伊藤博文到中国，和李鸿章签订了《天津会议专条》（约定日清两国共同从朝鲜撤兵，且两国均不派军事教官，将来出兵之际相互通告）。

第十四章　日清冲突

袁世凯的活动

在 1884 年的甲申事件中，中日两国军队虽然冲突不断，但并未到开战的地步。这是因为，中国正与法国交战，无法在朝鲜集中兵力，而日本又集中力量修订条约和整顿内治，所以回避了与中国的武力对决。但中国为了防范日本，紧急增强北洋舰队，日本也致力于扩充实力，期待有朝一日与中国军队决一胜负。

虽然中日两国军队都从朝鲜撤退了，但中国以总理交涉通商事宜大臣的身份将袁世凯派驻朝鲜，努力维持并扩大中国在朝鲜的势力。甲申事件后，革新派首领金玉均、朴泳孝等逃亡日本，守旧派很轻易地重新执掌政权。

然而正当中日两国在朝鲜相争之际，俄国也开始对朝鲜采取了行动。1884 年 6 月，俄国为与朝鲜签订条约，将天津领事韦贝尔作为全权代表派往汉城。他和德国人穆麟德相勾

巨文岛

结，劝说朝鲜向俄国请求派遣教官，作为回报，朝鲜应将永兴湾的使用权给予俄国。当时，因阿富汗国境问题与俄国相争的英国为了与之对抗，占领了朝鲜海峡的巨文岛。

日本颇为震动，为联合中国防止俄国势力入侵朝鲜，井上馨外务卿通过榎本武扬向李鸿章提议"由日清两国指导朝鲜内政外交。此外，免除穆麟德职务，选任美国人担任"，同时提出让保定的大院君回国。这是为了遏制与俄国结盟的国王派。李鸿章并未全面采纳日本的提议，他免除了穆麟德的职务，派美国人墨贤里接任。墨贤里在赫德的授意下，肩负着将朝鲜海关与中国一体化的使命。李鸿章又派了美国驻天津领事德尼担任朝鲜政府的外交顾问。此外，还让大院君回到了朝鲜。

此时，俄国向中国和朝鲜发出了抗议称，如果允许英国占领巨文岛，那么俄国也有必要占领朝鲜岛屿或者部分本土。中国按照英国的要求，约定任何国家都不得占领巨文岛，并于1887年2月使英国解除了对巨文岛的占领。

日本在甲申事件中败退使得中国恢复了在朝鲜的宗主权。但驻朝鲜的中国代表袁世凯与李鸿章谋划，意图趁势进一步强化该体制。好在天津与汉城之间已开通了电信，有助于这一体制的强化。1886年夏，朝鲜和俄国签订的秘密条约散布开来，据说这是韦贝尔和不满袁世凯干涉的一部分朝鲜要人相勾结，劝他们寻求俄国庇护的产物。但德尼等人却说，这是袁世凯故意散播的谣言，他想借此机会抓捕国王、王妃、皇太子送往中国，之后再扶植已成为中国傀儡的大院君。

袁世凯和德尼虽然都是李鸿章在朝鲜的代官，但袁世凯是为了强化中国在朝鲜的宗主权，而德尼却和美国代理公使一起，援助不满袁世凯干涉的朝鲜当局，以图实现朝鲜独立。朝鲜试图向美国派遣公使，遭到中国阻止，但最后还是在美国的帮助下实现了。美国还进一步回绝了中国将驻美朝鲜公使置于中国公使从属之下的要求，给予其平等的待遇。就这样，朝鲜不安定的局势开始成为国际纷争的舞台。

激化的日清冲突

甲申事件后，日本势力衰退，日本对朝鲜问题也不那么积极了。李鸿章试图利用这一形势，通过袁世凯加强对朝鲜的统治。但这一举动加剧了朝鲜方面的不满，加深了其对俄国的依赖。对此日本当然感到担忧，但李鸿章认为，俄国势力的介

金玉均

入可以对日本势力起到遏制作用。中国对于朝鲜控制权的强化，也促使在朝日本商人遭到驱逐。

日本人从朝鲜进口沙金、牛皮、大豆、大米等，出口朝鲜的最重要物品是细棉布。中国商人在中国在朝鲜势力的援助下，渐渐地压过了日本商人。产自兰开夏的细棉布此前都是从上海经长崎运送到朝鲜。但《中朝商民水陆贸易章程》规定了招商局的轮船可航行于上海和仁川之间，于是中国商人可以直接从上海进货，再加上自身的资金也很丰富，日本商人渐渐在竞争中败下阵来。朝鲜出口的情况也一样。1889年秋，咸镜道以食物不足为由禁止大豆出口。当时日本仅向朝鲜发出了抗议，但两年之后又提出赔偿要求，1893年5月竟而发出最后通牒，要求朝鲜赔付11万日元。然而就在这一年的秋天，不满于日本的高压政策的朝鲜政府在袁世凯的策动下，发布"防谷令"，禁止大米出口。

就这样，日本的在朝通商在李鸿章和袁世凯的策动下渐渐衰退，国内要求政府出对策的声音也日益高涨。偏偏就在这期间的1894年3月，李鸿章和朝鲜政府合谋将逃亡日本的金玉均引诱到上海并将其杀害，又用中国军舰把他的尸体运送回了朝鲜。朝鲜政府将尸体分尸暴晒，并重用刺杀金玉均的刺客。正好这个时候，东学党起义爆发了。

19世纪中叶，吏属出身的崔济愚为对抗基督教，融合儒、佛、道创立了信仰"东学"的宗教团体——东学党。吏属是指两班官僚的下属书记官。东学党是以吏属或下层两班为首的农民宗教团体。东学党成员全琫准领导了全罗北道古阜郡由大坝改修事件中官僚腐败而引发的农民起义，最终发展为开国以来因经济条件恶化陷入贫困的农民的大规模反体制暴动，即东学党起义。

东学党起义发生后，李鸿章令袁世凯指导朝鲜政府向清国发出派兵请求。6月初，李在接到派兵请求后，命麾下直隶提督叶志超为司令官，与太原镇总兵聂士成一道，率淮军从威海卫出发，在军舰的护卫下出兵牙山。而另一方面，自称为"天佑侠"的"大陆浪人"在军部的同意下，打入东学党内部进行煽动，企图制造日清两国军队冲突的机会。

中国的战备

当时，清朝所掌握的最强大武力是李鸿章麾下的淮军和北洋舰队。

海军方面主要是为防范日本而创设的北洋海军。关于北洋海军上文已经有所叙述，这里再详细介绍一下。

战舰"镇远"号

因日本出兵台湾，李鸿章开始购买军舰。之后，每当因琉球和朝鲜问题与日本发生争端之际，他就愈加痛感防范日本的迫切性，于是向英国阿姆斯特朗公司订购了两艘巡洋舰，向德国伏尔铿造船厂订购了两艘战舰。两艘巡洋舰于1881年回航，被命名为"超勇""扬威"。因中法危机的爆发，中国又订购了一艘巡洋舰，两艘战舰与后来订购的这艘巡洋舰一起，在中法战争结束后的1885年秋回航，巡洋舰被命名为"济远"，战舰被命名为"定远""镇远"。

这一年，为统一海军军政和军令，清朝设置了以醇亲王奕譞（恭亲王之弟，清朝末代皇帝宣统帝的祖父）为总理的海军衙门，庆亲王奕劻（乾隆帝第17子永璘之孙，清末清朝政府的核心人物，但喜好受贿，没什么才能，遭袁世凯利用）和李鸿章任会办，曾纪泽任帮办。

此外，为修理舰艇，清朝于1880年（光绪六年）在大沽修建船坞，并在威海卫修建军港用作根据地，但只适用于小型舰艇。1887年以后，又在旅顺修建要塞和军港，1890年完工，成为北洋舰队的根据地。

其间，清朝又向阿姆斯特朗公司和伏尔铿造船厂分别预订了两艘巡洋战舰。1887年，四艘舰艇同时回航，被命名为"致远""靖远""经远""来远"。这些舰名中的"远"字代表了海外，特别是日本。

就这样，1890年，北洋舰队的舰艇和根据地旅顺军港全部建成。丁汝昌担任提督，从福州船政局附属学校毕业并有留英、留法经验的人士担任舰长，英国海军军官琅威理担任指导教官，负责操练。1889年，丁汝昌在刘公岛开办水师学堂。

至于北洋海军的经费问题，按规定是从江苏、浙江、江西、湖北等省的厘金以及上海、广东、牛庄等地的海关收入中每年抽取200万两白银，但这些银子被挪用于各省的军备以及颐和园营造，实际上到手的不过一百二三十万两而已。

北洋海军的实力大增对日本来说是一大威胁。尤其是"定远"和"镇远"两战舰更是给日本海军施加了无形的压力。1886年7月，这两艘战舰刚加入北洋海军后不久，丁汝昌便率领包括这两艘战舰在内的六艘北洋舰队精锐力量，从釜山、元山出发，来到海参崴（符拉迪沃斯托克）。在返航途中，舰队因整修而在长崎入港。这次航海主要目的是向俄国和日本示威。然而，8月13日，上陆的清国水兵和日本巡查之间发生的小冲突，后来演变为日本人和中国居留民之间的大混战，造成了多人死伤。1891年，丁汝昌又率领含这两艘战舰在内的四支舰队，再次来到日本示威。

然而，北洋海军与北洋淮军一样，都原封不动保留了传统体制，在采用近代化军事技术时暴露了诸多缺点。也就是说，由于清国并没有形成近代国民国家，北洋海军无法变成中国海军，仅仅作为李鸿章的海军发挥功能。而且，因对日和对法关系的紧张，从1875年起，军舰上的人员数量急速增加，缺乏针对舰队的规范化训练。当北洋海军于1891年在日本广岛吴市入港时，炮身上还晾晒有衣物，这一细节暴露出了北洋海军平素的训练水平。日本海军的有识之士也因此产生了北洋舰队不足为惧的信心。而且，于1887年以前购入的北洋舰队舰艇，与后来以北洋海军为假想敌购入的日本海军舰艇相比，在速度上尤其落后。

日清交战

1894年（明治二十七年），日本在获悉清国出兵后也决定立即出兵，在东京成立了大本营。与此同时，日本政府向正在回国途中的驻朝公使大鸟圭介发出指令，让其在军舰护卫下归任。

6月7日，清国向日本通告为安定属邦而出兵一事。对此，日本也向清国通告出兵，6月13日，第五师团混编旅团打头部队进入汉城。

尽管清国百般阻挠日本出兵，但早就想与清国一决高下的日本已呈骑虎之势，现在只是在等待开战的时机和一个"正义"的借口。

日本一边关注着列强的动静，一边向清国提议共同改革朝鲜内政。清国拒绝这一要求后，日本随即派大鸟公使强迫朝鲜政府进行改革。

然而，俄国应李鸿章之请出面劝日本撤兵。而英国为了对抗俄国也试图居间调停，但失败了。陆奥宗光外相命令大鸟公使采取坚决措施，大鸟公使向朝鲜政府发出了最后通牒，并于7月23日带兵闯入王宫，扶持大院君着手改革。袁世凯此时逃回了中国。

清政府要人当然是强硬论的支持者。他们对李鸿章麾下的淮军和北洋舰队很有信心，特别是对后者寄予了极高的期待。所以，朝中有很多人认为，率北洋舰队进入东京湾，让日本结下城下之盟易如反掌。然而，只有李鸿章自己深知淮军和北洋舰队的真实情况，同时也很了解日军的军事实力。对他而言，无论是淮军还是北洋舰队都不是为实战准备的，而是为了虚张声势，不让日本出手。他并不希望两国交战，因为一旦战败，支撑他势力的武装力量就不复存在。但无奈的是，不谙内外情况的强硬派在朝廷里占据上风。7月16日，清廷向李鸿章下了一道圣旨："现在倭韩情事已将决裂，如势不可挽，朝廷一意主战。李鸿章身膺重寄，熟谙兵事，断不可意存畏葸。着懔遵前旨，将布置进兵一切事宜，迅筹复奏。若顾虑不前，徒事延宕，驯致贻误事机，定惟该大臣是问。"如此，李鸿章不得不战。

7月25日，日本海军在丰岛海面袭击护卫"高升"号运输船的清国军舰，28日在牙山、成欢与清国陆军发生冲突，8月1日正式宣战。

山县有朋率领的第一军在釜山、元山、仁川登陆，驱逐在牙山、成欢战败的叶志超麾下清军，进入满洲，席卷了南满洲地区。

大山严的第二军在辽东半岛登陆后，征服辽东半岛，攻陷旅顺，而后转战山东半岛。其间，日本将大本营迁到了广岛。

9月17日，结束第一军运送的日本海军在大孤山洋面击败北洋舰队，夺取了制海权（黄海海战），并将第二军运送到辽东半岛。接着，日本海军又和转战山东的陆军联手，于1895年2月12日，击败了从旅顺遁入威海卫的北洋舰队。

就这样，第一、第二军与增派部队一起，做好了进击直隶的准备。此外，日军还在南方占领了澎湖岛。

马关条约

清军的陆海军节节败退。兵士携带武器，将领携带军需物资，纷纷出逃。就连北洋舰队也在9月17日大孤山洋面的海战中败下阵来。在这次海战中，旗舰定远舰刚打开炮门发出第一炮，舰桥便由于强烈震动而倒塌，司令官丁汝昌身负重伤，舰队损失了四艘舰艇，损伤惨重，逃回了旅顺，之后又从旅顺逃回威海卫。但在日本舰艇的攻击下，定远舰最终沉没。接着，威海卫也陷落了，北洋舰队最终投降，丁汝昌服毒殉国。

英国担心中国政权崩塌，在中日开战后不久，就以朝鲜独立和赔偿战费为条件介入讲和调停，但未有结果。总理衙门委托列强共同干涉，但各国并未按照中国意愿行动。美国也想介入讲和，但觉得为时尚早。李鸿章为了解日本的讲和条件，11月将天津海关税务司德璀琳派往日本，但遭日本拒绝。12月，李鸿章又通过美国公使田贝向日本提出议和，日本要求将议和地点定在广岛。傲慢的日本国民提出了许多过分的要求，1895年1月末的大本营御前会议决定在提出朝鲜独立、割地与战争赔款、与列强同等的通商利权等讲和条件之外，还要进一步扩张利权。为避开列强干涉，日本在议和会议开始前采取了绝密的做法。

中国议和使节张荫桓等人于1月31日到达广岛，但日本以其职权不充分为由，拒绝会谈。就这样，中国在经历陆海军决定性的战败后，派李鸿章为全权代表，从3月20日起在下关（马关）的春帆楼开启会谈。中途，发生了李鸿章遭枪击事件，双方首先休战，接着进入议和条件谈判，并于4月17日签下了《马关条约》。根据该条约，中国承认朝鲜独立，割让南满洲海岸地带（比之后租借的辽东半岛更为辽阔，包括了从鸭绿江到营口的海岸地带）、台湾、澎湖列岛给日本，支付赔款两亿两白银，在通商上给予日本与列强诸国均等的利权，开放新的港口和内河（从上海到苏州、杭州的水道），允许日本人在开放港口和开放城市设立工厂，经营制造业。

中国的战败使得东亚的国际形势完全改变。帝国主义列强早就想获得在中国修建铁道、开采矿山、设立工厂的权利，但因中国的反对而一直无法下手。现如今，中国战败和《马关条约》的签订正好满足了他们这一侵略野心。此外，这次战败给中国的读书人，尤其是年轻的读书人带来了深刻的冲击，促使他们走上了改革运动或革命运动之路。主张变法的康有为和革命家孙文都是愤慨于日清战争战败而奋起的人物。

第十五章　瓜分中国

中国的战败

李鸿章之所以极力回避与日本交战，是因为他对曾是他权力基础的北洋陆海军的缺陷十分了解，所以并不希望动用这一武力。而李鸿章明知军队的缺陷却不积极进行改革，是因为这一缺陷与中国的传统体制密切相关，军队的改革必须以广泛领域的改革为前提，最终会牺牲掉李鸿章自身权力的基础。西太后为了从老早前就开始着手准备的 60 岁万寿节（光绪二十年农历十月初十，1894 年 11 月 7 日）顺利举行，赞成了李鸿章的战争回避政策。

但是在不了解世界局势的中国官僚和读书人之中，有不少人过分相信李鸿章麾下的陆海军。当日清两国就朝鲜问题僵持不下时，那些攻击李鸿章采取外交手段解决问题，主张强硬的"主战论"的，正是这些人。他们以户部尚书翁同龢、礼部尚书李鸿藻为中心。1887 年 2 月光绪帝亲政后，他们拥护对

西太后

西太后掌握政治实权感到不满的光绪帝，反对西太后和李鸿章的退婴式策略，主张"主战论"。对此，李鸿章要求300万两战费，翁同龢停止了西太后的万寿节准备费用，勉强凑了出来。

从日清战争开战前这样的事情经过来看，北洋军战败后，反对派的责难当然就落到了李鸿章身上。北洋军战败，李鸿章丧失了战争指挥权后，朝廷设立了督办军务处，由恭亲王（因与西太后对立曾被免职，这时又被起用）总管外交军事，荣禄、翁同龢、李鸿章等辅佐。由此，指挥权落到了主战派手里。

他们首先要做的，是组建军队取代毁灭的北洋军。他们在汉纳根（李鸿章雇用的德国陆军将校）的建议下，开始在天津和大沽之间的小站训练一支德国式近代化陆军，同时命两江

各国使臣拜谒光绪帝（1895年）

总督刘坤一募集湘军旧部下，前往山海关。

然而紧急招募的军队都是乌合之众，比起北洋陆军，他们更加不是日本的对手，此外德国式陆军也无法火速练成。失去北洋军这个支柱的清朝政权再次面临倒塌的危机。要破解这一局面，或者通过列强干涉迫使日本收敛锋芒，或者通过中日两国共同认可的国家居间调停，只有这两个选择。李鸿章所指望的俄国，因西伯利亚铁路尚未完工，战略体制尚未整备，故而对干涉表现出了消极的态度，而由英国率先倡导的共同干涉也宣告失败，最后变成了由美国居中调停。

帝国主义的干涉

恭亲王和李鸿章借助外国干涉而使日本停止使用武力的策略失败了。清朝更是应日本要求，授予李鸿章全权，派遣其

李提摩太

到日本议和。但是，清朝希望议和时极力避免领土割让。翁同龢表示，即便是拿出巨额赔款，也不能割让领土。李鸿章试图通过外国施压来拒绝日本的领土割让要求，便向英、德、俄三国公使求援，但因为美国已经居中调停了，三国也不愿再插手。结果，清国指挥部只得做好割地的心理准备将李鸿章送到了下关。

然而，为防止外国干涉而一直处于绝密状态的日本议和条件，在1895年4月1日被透露给了中方。要求的苛刻程度令李鸿章感到吃惊，为方便调解，李鸿章给总理衙门发了封电报，呼吁请求外国干涉。

通过外国干涉来应对日本的想法，并不只限于恭亲王和李鸿章。地方督抚之中，最为主战的张之洞也是其中一人。他在刘坤一出征后代理两江总督一职。在2月28日致总理衙门的电报中，他根据李提摩太（英国新教浸信会传教士，1870年以后主要在中国从事传教活动，以康有为为代表的很多人都受到他的影响）的建议，即给予英国铁路建设、矿山开发、制造业的特权以换取其出面干涉，主张无论是哪个国家，只要能给日本施加压力，使其收敛锋芒，不再要求割地、赔款，清朝都不惜给予其特权。此外，他还尝试以台湾为担保，或者以在台特权为交换条件，向英俄借款，以此来推阻日本割让台湾的要求。即便在《马关条约》签订后，他仍然继续反对，努力以割让边境和其他利权为交换条件，向英、俄、德、法寻求援助。刘坤一也是一样。

尽管中方如此热情地发出干涉请求，但列强却并未回应，这是因为他们彼此的利害不一致。列强中和中国有最大利害关系、对中国最为关切的是英国和俄国。英国为了维护在中国的通商利益，一心避免战争，在战争爆发后，也会为了尽早结束战争，邀请列强共同干涉。

通过日清战争，得知日本已实现武装近代化的英国担心日本一旦将中国"保护国化"，利用中国的人口和资源，将会导致自身既得的通商利益受到极大威胁。因此，英国原本打算联合俄法共同干涉。但是，在得知日本的议和条件后，英国深信这反而有助于扩大其在华的通商特权，于是放弃了联合干涉计划。

1891年，俄国决定修建西伯利亚大铁路。俄国计划先完成"俄欧洲部分—伊尔库茨克"路段和"符拉迪沃斯托克（海参崴）—哈巴罗夫斯克（伯力）"路段的修建，而后寄望于将"伊尔库茨克—哈巴罗夫斯克（伯力）"间的西伯利亚铁路修建在满洲境内，并企图在朝鲜和满洲的海岸地带获取不冻港。因此，当俄国接到中国的密告，获知日本要求中国割让满洲海岸地带后，便匆匆于4月4日向日本发出警告称，其割让要求会给人以干涉的口实，并非上策，同时提议英、德、法进行干涉。

英国脱离了共同干涉的队伍。相反，之前对英国所提议的共同干涉没有热情的德国加入了进来。德皇凯撒·威廉二世及其政府首脑开始认定，日本占领满洲海岸地带会加强其对中国的控制，最终会将中国变成其保护国。若日本控制中国，利用中国的人口和资源，对欧洲来说将是威胁。日本将来会组织亚洲的佛教徒来攻击欧洲的基督徒。威廉二世凭着这种"黄祸论"，开始向俄皇尼古拉二世游说，称俄国有防范"黄祸"于未然的使命，并支持俄国对日本进行干涉。德国希望能借此达到"一石三鸟"的目的：一是将俄国的注意力转移到东亚，二

中国关于刘永福俘虏日本桦山司令官的宣传图

是借此削弱俄法同盟，三是从中国夺取海军基地。

法国从俄国那儿接受了共同干涉的提议。尽管法国认为，俄国的注意力转移到东方并非好事，但一是出于拥护俄法同盟的需要，二是希望能阻止台湾、澎湖列岛移交日本，因此也加入了干涉的队伍。

就这样，4月23日，俄、德、法三国照会驻日公使，以"日本占领辽东半岛，将威胁清国都城，使朝鲜独立有名无实，妨碍东洋和平"为由，劝说日本放弃。日本原以为能得到英美两国的支持，在期待落空后，只好向三国约定放弃占领辽东半岛。至于法国所希望的对台湾、澎湖列岛的干涉，三国也只是让日本宣告不将台湾、澎湖列岛转让他国，并允许他国在台湾海峡自由航行。

赔款的支付

1895年5月8日，日本按照规定，在芝罘与清国交换了《马关条约》的批准书。接着，日本镇压了刘永福等人建立台湾民主国后领导的反日运动，开始统治台湾。同年7月，日本与俄、德、法三国进行交涉，以3000万两赎金为条件，约定将辽东半岛归还给中国。接着日本又同中国签订《中日通商行船条约》，除了使日本获得了在中国与列强同等的地位，还使日本获得了新的利权，而列强也得以利益均沾。清朝政权因日清战争的战败而濒临崩溃，它想要找到一条主要依靠列强来拯救自身的道路，结果将帝国主义列强都引入了中国，战后中国成了帝国主义列强争夺利权的修罗场。

首先，列强为了巩固自身的政治地位，围绕借贷对日赔款问题开始了争夺。赔款中的辽东半岛交还赎金3000万两定于1895年11月16日之前付清。军费赔款2亿两则分八次付清，头两次每次应付的5000万两在《马关条约》批准书交换后，分别在6个月、12个月内付清。剩下的1亿两如能以海关关税收入进行抵扣，则将解除对于威海卫的占领。余款相当于六年的税赋。对于首次支付日之后的余款，收取五分的利息，如果在批准书交换后三年内付清全额的话，将免除利息。为此，首先要想办法在同年11月7日前筹到5000万两，16日前筹到3000万两，次年5月7日前筹到5000万两。再加上中国为了免利息，想在三年之内支付全款，因而就有必要在短时间内筹集巨额的资金。

然而，以当时中国的财政状况，支付这笔巨款是不可能的。以1893年的财政收入为例，主要收入只有8310万两，其中地丁银2330万两，海关关税1680万两，厘金1430万两，盐税770万两，漕粮折合白银440万两。虽然每年的收入多少有些出入，但是1893年前后中国的岁入大约为八千几百万两，每年有几百万两的剩余。因此，尽管此前时不时会有百万两至数百万两额度的对外借款，但是偿还起来还是比较轻松的。而日清战争之际，清政府虽试图从典当行、鸦片商那里收取强制性捐助外加提高茶叶和砂糖消费税来筹措400万两，但最终到手的不过一百数十万两。清政府进而又发行年利息为七分的内债，但最后也仅仅是筹到了1000万两。于是，清政府就从英国、德国的银行那里借了675万英镑。

这样的财政状况致使清政府只能依靠外债来支付巨额的赔款。于是，围绕着借款问题，列强之间开始了争夺。

强迫借款

最早开始对华借款活动的是英国和俄国。英国早就通过总税务司罗伯特·赫德，强迫中国向英国借款，但中国政府为感谢俄国，拒绝了英国要求。7月，中国跟俄国、法国借了4亿法郎（1亿两平库银）。这是俄国财政大臣维特为和平地将中国置于俄国统治之下而策划的。起初，俄国想单独借款给中国，但由于俄国的借款原本依附于法国资本，遭到了法国反对，最后，法国的六家银行和俄国的四家银行，在俄国政府的担保下，共同借款给中国。双方约定以海关收入为担保，且中国政府不得把财源管理权交给他国，如果交给他国，那么俄国也将进行利益均沾。

得知借款成立后，英国与遭俄法两国排挤的德国一起，与总理衙门强硬交涉，迫使中国以海关收入为担保，向汇丰银行和德华银行（汇丰银行是以在华活动的鸦片商人为主的英国商人于1865年创立的，总部设在香港。德华银行是德国为在华活动而于1889年设立的）借款1600万英镑（1亿两平库银），并于1896年3月完成借款。英国担心俄国通过第一轮借款插手中国财政，变更海关行政，在借款所持续的36年间，不让中国变更海关行政。

这两轮借款仍然不足以支付全部赔款。于是，英俄两国又试图命中国以巨大的利权为交换条件，开始第三轮借款，它们轮流威胁恫吓总理衙门。清朝对哪一方所提出的苛刻条件都感到为难，最终与汇丰和德华两家银行进行交涉，在1898年3月，以实际到手83.5%的恶劣条件，向其借款1600万英镑。该借款除了海关收入，还以长江流域六个地方厘金征收处的收入为担保。当时的海关收入每年平均2200万至2300万两，以上六个地方的厘金收入约500万两，合计约2700万至2800万两（440万至450万英镑）。上述三轮借款每年的支付额上升至约260万英镑（约1600万两）。也就是说，这些重要财源的过半都要用来偿还借款。

以偿还借款每年所需的支出1600万两为主，战后中国财政支出与战前相比增多了约2000万两，由战前的盈余变成了巨大的赤字。中国政府为了应对这一庞大的支出，除了官僚减俸、加征盐消费税，还要求各省凑出定额资金。结果，中国政府靠加强对流通商品和土地所有者课以各种名目的税实现了资金的筹集。1898年，政府发行了"昭信股票"债券，想要筹集1亿两，但结果只筹到了1000余万两。就这样，日清战争后的中国，由于自己招来的帝国主义列强的强制借款而进一步加重了战败带来的财政负担，政府还将负担转嫁到国民身上，激发了民众的不满。日清战争后中国各地发生暴乱，正是由于民众对清政府通过加重课税负担来支付对外借款的做法产生不满。

铁路利权

日清战争爆发前的十多年，列强在中国经营制造业的意向逐渐加强，但因中国的反对而重重受阻。这一问题在《马关条约》第六条第四款中已经得到解决（上文已有论述）。此外，列强资本家还希望在中国建设铁路、开采矿山。外国资本家，特别是英国资本家老早就希望开拓这一领域，但中国并未允许。

在这一点上，维特所指导的俄国表现得最为积极。维特在策划对中国进行第一轮借款的同时，为实现和平将中国置于俄国统治之下的目的，提议设立银行作为核心机构。该计划得到了法国金融资本的参与。1895年12月初俄清银行（道胜银行。资本金600万卢布中的5/8是法国资本。八名董事中的五名和总裁由俄国人担任，俄国掌握指导权）成立了。

维特还制定了跨越满洲将西伯利亚铁路与符拉迪沃斯托克（海参崴）连接起来的计划，决定让中国派遣大官参加1896年5月尼古拉二世的加冕仪式，趁机进行交涉。清国派李鸿章前往，让其祝贺加冕的同时，为打开财政困难局面，同英、法、德、美诸国交涉关税修订事宜。在当时的北京，俄国公使卡西尼为攫取包括满洲铁路利权在内的广泛特权，与总理衙门交涉并反复恫吓，但没有成功。而在俄国首都，维特和李鸿章之间的交涉却不断推进，6月3日，双方签订了《中俄密约》（交涉是在李鸿章和维特之间进行的，而密约的署名者是外相罗巴诺夫和李鸿章）。这是共同防卫日本在东亚进攻俄国领地、中国和朝鲜的同盟条约，但在第四条中，为达到这一目的，规定了中国政府需允许修建横跨满洲贯通符拉迪沃斯托克的铁路，并将建设权授予俄清银行。基于这一规定，俄清银行在 9 月成立了东清铁路公司。虽有规定，中国人也可成为东清铁路公司的股东，但实际上的唯一股东是俄国政府，俄国政府在毫无实权的中国总裁之下，完全掌握了统治权。

就这样，获得东清铁路建设权的俄国，接着与法国资本联手，以比利时财团的名义，于 1897 年 7 月，同中国签订了为建设从北京郊外的卢沟桥至汉口的卢汉铁路提供资金 11150 万法郎的契约，成功控制了该条铁路。

张之洞早就计划修建该铁路了。为制造轨道，他首先着手建设汉阳铁厂，但还没有开始修建铁路。日清战争后，张之洞让盛宣怀在自己的监督下，通过民间资本，接手汉阳铁厂的经营。与此同时，他还打算命其募集民间资本建设卢汉铁路，但由于资金不集中，结果还是要借贷外国资金。英美两国想借出资金，因而运作了一番，张之洞出于对两国政治野心的担忧，拒绝了两国。他推测小国应该不会有政治野心，于是向比利时财团借款。然而，德国占领胶州湾后，比利时财团出于保护自身利权的需要，阐明与俄清银行的密切关系，震惊了中国。俄国、法国进而获得了粤汉铁路的建设权，控制了从满洲纵贯中国的铁路，甚至试图将这条南北铁路线与印度支那半岛的铁路线连接起来。

俄国、法国的活动，促使了与之势均力敌的英国、德国也开始活动。英国资本的代表汇丰银行，试图通过贷款来控制卢汉铁路，但失败了。接着又想获取粤汉铁路的建设权，但也失败了。

至于德国，如下文所述，意识到了接触美国的必要性。

日清战争后，美国的金融资本和产业资本共同组成了华美启兴公司，获得了武昌和广东间的粤汉铁路的建设权。

列强的金融资本热衷于铁路投资，是因为他们不仅可以借机销售铁路建设所需资材，还能通过控制铁路开拓市场。另外，国家权力在背后支持，是为了通过控制铁路，在这一地区扶植政治势力。

列强对中国铁路投资的竞争，在1897年11月德国占据胶州湾以后，伴随着列强在中国设立租借地、划定不割让地域的运动而进一步激化。

租借地、不割让地

德国此时正在瞄准在中国沿海获取海军基地的机会。1895年末，作为三国干涉还辽的报酬，德国曾向中国交涉租借"储煤站"，但未能如愿。德国关注的海军基地是李希霍芬考察报告中所看好的胶州湾，此地还被期望成为侵略山东的基地。然而，俄国舰队已经拥有在紧急情况下使用胶州湾的特权。于是，德国为了尽早将它占为海军基地，努力与俄国协调。但还没得到俄国同意之时，1897年11月1日夜晚，山东省曹州府巨野县就发生了三名德国天主教传教士遭到中国人袭击，其中两名遇害的事件。

本来，在华的天主教传教士都受法国保护，但当时德国出于政治目的想要利用天主教传教士，于是向法国提出要求，获得了德国教会下属的传教士的保护权。为利用这一事件达到占领胶州湾的目的，德国派出两艘停靠上海的军舰，于11月

4日占领胶州湾，并派公使向中国政府提出强硬要求。对此，俄国出面援助中国，加以重重阻挠，但德国一方面致力于获得英国的许可，另一方面则支持俄国占领其老早就已经开始觊觎的旅顺、大连湾，由此缓和了俄国的反对。次年3月6日，德国与中国签订了条约，租借了胶州湾（赋予德国以下权利：99年的胶州湾租借权，从胶州经济南到山东界的铁路、从沂州到济南的铁路的修建权，铁路沿线矿山开采权）。

俄国也于1897年12月占领旅顺、大连湾，并通过次年3月27日的《旅大租地条约》，租借辽东半岛25年，获得从东清铁路修一支线到大连湾或者到营口和鸭绿江之间某一合适地点的特权。该支线的终点，在同年5月7日决定租借地和中立地带边界的条约中，被定为旅顺和大连湾。且此支路经过地方，中国不得将铁路利益给予别国人。

英国从俄国、德国，特别是俄国的行径中感到了威胁，2月初，迫使中国政府承诺不变动总税务司罗伯特·赫德的地位，将来依然任用英国人为总税务司，同时还使中国政府承诺不以任何名目割让长江流域给别国。与此同时，英国计划在日本占领结束后租借威海卫，并以承认福建省为日本势力范围为交换条件，谋求日本的承认。英国还向德国保证不在山东省内修建铁路，获得德国默许。5月24日，日军撤离后，英军立刻占领了威海卫，通过7月1日的条约，威海卫成为英国的租借地。此外，英国通过6月9日的条约，租借了香港周边地区。

法国已于1897年3月，迫使清政府承诺不割让海南岛给他国。1898年4月，法国又让清政府同意不割让与东京的接壤地带，11 月，法国租借了广州湾。日本也于 4 月迫使清政府承诺不割让福建省。

租借地和不割让地的设定意味着势力范围的划定，1898 年实际上是列强在中国划分势力范围的一年。伴随着势力范围的划定，争夺铁路、矿山利权的竞争也更加激烈。

英国为了对抗俄国在满洲的活动，由汇丰银行和怡和洋行联合成立了铁路投资公司，在背后援助华英公司，使之获得从中后所至新民屯的铁路和营口支线建设的投资权。此外，英国创立了福公司（PeKing Syndicate Limited），使该公司获得山西和河南的矿山开采权，同时还向中国索要从山西、河南矿山至长江的铁路和天津至镇江、九龙至广州、浦口至信阳、苏杭至宁波的铁路建设的融资权，分别通过投资公司与盛宣怀交涉并达成协议。英德两国的金融资本于 9 月在伦敦召开会议，将长江流域以及华南各省、山西省划为英国资本，将山东省以及与之相邻的黄河流域划为德国资本的势力范围。另外，双方还商定，在天津至镇江的铁路修建上，天津至济南以及山东南部至镇江的铁路修建由英德共同出资，前者由德国修建，后者由英国修建。

此外，俄清银行获得了通往太原的卢汉铁路支线修建资金的供给权，法国获得了东京通往云南的铁路的修建权。

第十六章　革新运动的发展

对危机的认识

中国读书人因过分热心于维持传统统治体制，在近代化国际关系中，反而陷入了将自身拥护的传统体制逼入危机的矛盾之中。以清法战争战败为契机，最先觉醒的中国人开始认识到这个矛盾。但这仅限于华南部分地区的先进青年。使中国的

中国高官家庭举行的宴会

有志之士都注意到这一点的，是日清战争的战败。

中国若不经历自1842年《南京条约》签订之后的50多年，就不会意识到，为了维持本国在近代化国际社会中的独立，必须亲自进行近代化体制变革。而且，中国人之所以意识到这一点，是因为日本在比《南京条约》签订晚约十年的"黑船叩关"中觉醒，之后又迅速完成近代化体制变革。在日本所集结的国力面前，自己的国家仍处于不断崩溃的前近代体制下，无法集结国力，着实脆弱不堪，从而饱尝了战败的滋味。

那么中国读书人认识这么落后的原因是什么呢？

使得前近代社会解体的是货币经济。欧洲和日本的前近代社会分别是封建制和幕藩体制。这些体制随着货币经济的发展走向解体的过程中，新资本主义的中坚力量形成了。中国的前近代社会，虽然一般被说成是与欧洲的封建制、日本的幕藩体制具有相同生产结构的封建社会，但是实际结构却非常不同。此前的社会单纯被称为前近代社会，而在中国，这指的是读书人统治的社会。通常中国历史的时代划分，将鸦片战争后定为近代。但这不是因为这个传统社会以鸦片战争为界实现了近代化，而是因为中国由于资本主义列国的侵略，开始了半殖民地化。因此，鸦片战争后，中国的社会虽然如前所述正在走向解体，但是基本上还是和由读书人统治的传统前近代社会并无不同。

中国这个前近代传统社会是通过科举考试，从身为地主的读书人中选拔上来的官僚作为皇帝的代理进行统治的社会。

这些官僚在货币经济的发展过程中，不仅将增加的生活开支转嫁到自己统治的农民身上，还通过受贿或者侵吞公款来中饱私囊。此外，他们还亲自投资或者经营一些商店、当铺，囤积财产，最后用来投资土地。官僚以外的读书人作为官僚和农民、商人之间的中间人，也从官僚的灰色收入中分得了一杯羹。

因此，中国的官僚和读书人，即便在货币经济中，也不会像仅靠俸禄生活的日本武士那样困苦不堪。所以，读书人执着于传统社会体制，并没有进行变革的欲求。当然，生活困苦，有所不满的下层读书人中，也有人纠合无产者企图革命，不过在多数情况下，他们虽然打着土地均分、减免租税等的旗号组织无产者，但随着发展为政治势力，他们中的上层干部也会转而拥有与传统官僚相同的生活态度。也就是说，传统官僚的生活方式，是中国人的现实理想。

就因为这样，那些优秀的地主子弟自小就为成为官僚在学习中倾注全力。获得生员，即习惯上所称的秀才之资格的考试，称为"童试"，是科举中最低一级的考试，合格者的平均年龄为24岁。在这之上有举人、进士，合格者的平均年龄分别是30岁、34岁。由此可以想象中国的优秀男子是如何为了科举而消磨青春的。由于有相当多的人直至六七十岁依然埋头科举学习，未考中举人，因此可以说将一生都耗费在科举考试上的人并不罕见。

在这样的中国读书人的生活里，他们并没有余力将目光放到世界大势上。他们对世界大势的不了解，使得中国人自以为是，妨碍中国人认识到在国际关系中中国所面临的危机。然而，日清战争的战败使得中国人意识到自身直面的危机。

战败后的应对

面对日清战争战败这一令人震惊的事实，中国的官僚和读书人准备了多种应对方法，影响力较大的有以下五种类型：

第一种是所谓的清议型，以翁同龢为代表。他们可以说是纯理（理论至上主义）派，反对割让国土，反对依赖外国的调停。翁同龢是1856年（咸丰六年）以第一名的成绩进士及第的秀才，是典型的纯理派，但究竟采取何种具体方法来贯彻自己的"纯理"，他却没有任何策略。

第二种类型是，试图通过外国调停来补救中国战败所带来的牺牲，以李鸿章、张之洞为代表。

第三种是，反对《马关条约》第六条第四项允许外国人在中国通商口岸经营制造业的规定，以盛宣怀为代表。这也是当时在中国官僚、买办资本扶植下以上海为中心起步的近代纺织、制丝的相关者的应对方法。张之洞也赞成这一主张，在《马关条约》签订后，倡导领先外国人由中国人亲自建造工厂的运动。

第四种是，趁着战败后清朝政权动摇之际，推翻清朝政权，建立汉民族的资产阶级民主共和国，以孙文为代表。

第五种是，以实践的方式来支持第一种类型，主张迁都内地打持久战。当这一点不能实现，讲和成立后，便将战败的原因归结到中国前近代体制上，强调为了弥补这一缺陷，需要进行一次大改革。因战败的冲击很大，惊慌失措的人很多，这在当时是最具建设性的一派。这得到了年轻读书人的支持，代表人物是康有为。

洋务运动也在日清战争后一下子得到了众多官僚和读书人的支持。但是，大部分的官僚和读书人，依然是属于反感近代事物的保守派，那些促进近代事物引进的人为了让保守派接受近代科学技术，下了很大功夫。他们将近代技术的源头追溯至墨子，并说秦始皇在镇压学者之际，名工硕学逃到西方，他们的教诲后来发展成了近代科学技术，等等。当时，出版了很多带有"危言"之名的书籍，其意思是对抗世间俗论的正论，这些书籍均主张要采纳近代技术、体制，对当时的年轻读书人产生了很大影响。

而近代技术的引进，如前文所述，只要使近代技术发挥功能的体制没有创建出来，就只能止于形式，这一点已经被日清战争中北洋军的战败所证实。所以，即使洋务运动在战后得到了读书人阶层广泛的支持，但仅凭这个，与战前并无本质差异。将战后的改革运动与战前区分开的重要一点是，它实际上发展成了想要创造出新体制的一种运动，这使得近代技术的引进真正具有实质性的意义。也就是说，战前的洋务运动，虽然一边拥护传统体制一边引进近代技术，更确切地说，是为了拥护传统体制才决定引进近代技术，但并没有发展到像战后的改革运动那样，试图将传统体制变革为近代体制。康有为的改革运动之所以被称为变革传统体制（祖宗的成法）的运动，即"变法运动"，也正是这个原因。

康有为登场

　　康有为于1858年（咸丰八年、安政五年）出生于广东省南海县，父亲是补用知县。康有为年幼丧父，一开始，他遵循读书人子弟的常规道路进行科举考试的学习，但自19岁时乡试落第后，他厌倦了科举，转而钻研道教、佛教，并由此立下了经世济民之志，阅读了古今中外政治、经济、地理相关的书籍。他在1879年去了香港，又于1882年在顺天乡试回来的路上到上海游玩。惊讶于当地施政的完善和繁盛，他开始通过李提摩太等新教传教士的译作、林乐知发行的《万国公报》，潜心于欧美地理、历史、法制、科学的研究。后来清法战争战败，他受到很大打击，于1888年在参加顺天乡试进京时，上书请求变法，但是奏书并没有送达皇帝手里。他在次年回到广东，又在1890年将居所搬到广州，教授弟子。梁启超就是那

康有为

时的弟子。这一年他遇到了到访广州的四川公羊学者廖平，受其影响变得醉心于公羊学。

公羊学是嘉庆、道光时期开始复兴的前汉儒学的一个流派，其特色是严厉批判乾隆时代达到巅峰的考据学，着眼于社会经济的现实问题，致力于问题的解决。

康有为的私塾后来发展为万木草堂。他在讲学的同时也勤于著书，而为了达成母亲迫切的心愿，他在1893年再次参加乡试并合格。接着，1895年，康有为在参加会试进京的途中，反对《马关条约》，召集了京内的公车，即举人，上书朝廷，反对议和，主张迁都陕西，通过变法实现富国强兵，采取持久战。这就是所谓的"公车上书"。但是那时《马关条约》已经签订了，所以这一主张并未被采纳。

康有为在会试考试中考中了进士，被授予工部主事这一官职，于是接二连三上书请求变法，特别强调要选拔人才，通达下情凝聚力量。所幸奏书抵达了光绪帝手边，成了将光绪帝和康有为联系起来的一个重要契机。接着，作为选拔人才、通达下情的具体办法，康有为建议开设议院等五个策略，但中途被束之高阁。

康有为为了启蒙对世界大势一无所知的读书人，推进变法自强运动，在翁同龢、张之洞等中央、地方多位名士的赞助下，创办了日刊《中外纪闻》。此外，他还打算通过讲演和出版来增强变法自强的气运，为此创办了"强学会"。接着他又在上海成立强学会分会，创办《强学报》。就这样，运动渐渐延伸到全国各省。然而，这一运动招致西太后的不满。1896

年年初,强学会被解散,仅仅在翁同龢的支持下作为负责外文书翻译的官书局而续命。另外,上海分会利用剩余资金,以梁启超为主笔,创办了《时务报》。

强学会虽然解体了,但之后在康有为、梁启超的努力下,又成立了长沙的南学会、武昌的质学会、桂林的圣学会等诸多学会,发行机关刊物,努力普及新知识。

德国强占胶州湾事件发生后,康有为进行了第五次上书,重复了变法图强的主张,特别强调要通达下情以及改变中国对世界大势无知这个万弊之根本,提议中国皇帝要仿照俄国彼得大帝、日本明治天皇那样进行改革,重用人才以图变革,让督抚可以自由进行变法。这一上书在途中受了阻挠,直到次年1898年5月才到达光绪帝手里。但是在此之前,光绪帝的老师翁同龢极力向皇帝推荐康有为,因此光绪帝已在1898年年初,令康有为上陈自己的意见并呈递著作《日本变政考》《俄彼得变政记》。康有为为此奏呈了《应诏统筹全局折》,提出"大誓群臣以定国是""立对策所以征贤才""开制度局而定宪法"三个具体举措。另外,他还奉上前述著作以及李提摩太翻译或撰写的《泰西新史揽要》《列国变通兴盛记》等。在这期间,列强的侵略越来越激化,加深了瓜分中国的危机,康有为于4月在北京成立了保国会。

光绪帝在读完康有为的奏书以及呈上来的书籍后坚定了变法决心,试图召见康有为,但是因为恭亲王的阻挠未能实现。6月,恭亲王死后,光绪帝与翁同龢商议,决定推行变法,于是召见康有为,用了九个小时征求其意见。康有为这些年来的抱负总算可以付诸实践了。

就算抛开老师翁同龢的褒奖之辞,光绪帝应该也是一个资质非常优秀的人。他自身积极主动搜寻改革相关书籍,并认真阅读。虽然对西太后心存畏惧,但是年轻人的血气方刚依然促使他不停地去探求重大改革。而且他性格急躁,有不顾一切勇往直前的勇气。

断然推行革新

翁同龢在日清战争战败之际,虽说反对国土割让,否定依赖外国干涉的做法,但却并无具体对策,因此理所当然地选择了和他有同样想法,而且有着确切对策的康有为联手。翁同

光绪帝

龢（时年68岁）提拔了康有为（时年40岁），拥护仅在名义上亲政的27岁的光绪帝，试图断然推行革新。

当时，清朝的实权当然是掌握在西太后手中。西太后以掌握北洋海陆军的李鸿章为支柱，但北洋军溃败后，督办军务处（作为非常体制的中央政府最高机关）的领导权转移到了拥戴恭亲王的翁同龢手里，光绪帝也通过翁来运作中央政治。但是，恭亲王虽然为人温厚，却是个传统主义者，想法与李鸿章比较接近，青年光绪帝无视传统的想法一直都受到恭亲王的压制。而且，西太后也一直在通过自己的眼线观察政局，革新派手里更没有可信赖的军队为革新保驾护航。

日清战争后，取代李鸿章北洋淮军支撑清朝政权的武力变成了聂士成率领的驻扎芦台的淮军、宋庆统率的驻扎锦州的毅军、董福祥率领的移驻直隶的甘肃汉回军，以及在汉纳根指导下在小站开始训练，后归袁世凯统率的新建陆军（新军）。其中，淮军是在朝鲜、毅军是在旅顺败给日军的残存部队，甘军源于在陕西、甘肃一带发动叛乱、后来投降清朝的回民军力量。所以他们都非优良的军队。只有袁世凯统率的约七千名新军，因接受了近代武装和训练，拥有最强劲的战斗力。

1898年6月（光绪二十四年，即戊戌年四月），翁同龢推荐了康有为，拥护光绪帝断然推行革新政治。11日，光绪帝发布了变法诏书，革新政治正式启动。于是就在15日，在西太后的授意下，发生了人事变动，深得西太后信任的满洲旗人荣禄（西太后妹妹之子）被任命为直隶总督、北洋大臣，开始统领上文所说的淮军和新建陆军，这件事值得注意。不仅如此，翁同龢也遭免职，告老还乡。这是西太后在得知光绪帝等人的革新举动后，为了阻止革新而采用的手段。也有观点认为，翁同龢免职是光绪帝自己所为。因为，已经垂垂老矣的翁同龢会成为革新的阻碍。这点姑且不论，从翁同龢被劝退这一点来看，由康有为领导的革新政治，必然会变得过激。

在这样的环境中新政开始实施。康有为兼任总理衙门章京，即所谓的新政参谋长。不久后，由担任湖南巡抚积极支持革新运动的陈宝箴所推荐的杨锐和刘光第、康有为的弟子梁启超和林旭，以及私淑康有为的谭嗣同被推举上来，辅助康有为。

康有为连续不断地上书，光绪帝也接二连三地颁布了一些新政诏书，以下是几个重点：第一，科举考试改革（考试科目定为历史政治、时事问题、经书三科目，录用经济方面有造诣的人员）；第二，设立近代学校（州县设小学堂、府设中学堂、省设高等学堂、北京设大学堂）；第三，官厅的改废统合。

以上三条，并不是洋务运动的目标"变事"，而是康有为所提倡的"变法"，在诸多新政措施中尤为重要。为了创建立宪体制，康有为将设立制度局、议定宪法、开设议会视为他变法的核心课题。但由于反对过于强烈，就连光绪帝也感到阻力重重，无法着手推行。

革新政治失败

上文提到，青年光绪帝鼓起勇气断然推行的众多新政中，称得上变法的重要举措有改革科举制度、设立近代学校、整顿官厅三方面。其中，改革科举制度和整顿官厅，给现役的官僚和希望成为官僚的读书人带来了很大影响。

康有为将中国政治上一切缺陷的根本，归结为官僚对世界大势的无知。他对科举考试的改革，也是为了让官僚能够拥有了解世界大势的广阔视野以及处理实际政治问题时应该具备的对于政治经济的现实见解。但是，这对于一直以来只顾钻研经书及训诂、只会写八股文（科举考试时书写的论文文章，有着特定的写法）的有志为官者来说，是不得不进行自身教养内容的变革。因此，这遭到了他们的强烈反对。

接着是官厅整顿。中国是尊重传统，喜欢沿袭传统的国家，因此一直的做法是旧的官厅按原样保留，再根据需要设立新的官厅。康有为对此进行了改废整合，但遭到了激烈反对。

南京贡院。科举考试考场

那些注定要被废除的官厅，开始消极怠工，出现了业务停滞。此外，那些地位危险的官僚、因反对新政而被免职的官僚，不仅阻挠新政推行，也在马不停蹄地策划西太后归政。

在新政开始之际，光绪帝初次召见康有为，对守旧派的反对表示了担忧。康有为答道："皇上勿去旧衙门，而惟增置新衙门；勿黜革旧大臣，而惟渐擢小臣。多召见才俊志士，不必加其官，而惟委以差事，赏以卿衔，许其专折奏事足矣。"也就是说，对于以往的高官，要像对待日本的华族一样，只给予他们高官厚禄，而不让他们从事实际工作。对旧官僚有着这样对策的康有为，为什么在实际推行变法的过程中采取了截然不同的做法呢？估计是当时的形势使然。然而，新政开始时光绪帝的担忧变成了现实，成了新政前途的一个重大阻碍。

为了解决这个问题，且为了采取措施阻止守旧派老早以前就开始策划的光绪帝废位，新政派考虑将守旧派官僚的靠山西太后从政权中排除出去，计划向袁世凯借用武力。

袁世凯在1895年康有为成立强学会时，是经费的捐助人，之后也与革新派保持了密切的关系，因此，新政派将希望寄托在了他身上。但是，当新政派出于信任将己方的计划告知袁世凯后，袁世凯立即汇报了荣禄，荣禄又报告给了西太后。新政在1898年9月21日因西太后发动政变而破灭。光绪帝被软禁在南海（紫禁城外的湖，北海、中海的南边）的瀛台，西太后再次开始听政。

康有为在光绪帝的命令下迅速逃离北京，在英国的帮助下去了香港。梁启超等人想请求英、美及日本的公使救助光绪帝，但英、美公使正在避暑，日本的林权助代理公使仅帮助梁启超逃亡日本。次日，荣禄的军队封锁了北京城门，谭嗣同、刘光第、杨锐、林旭等人被捕，同月28日，与康有为的弟弟康广仁一起被处决。谭嗣同平时就说，"各国变法，无不从流血而成，今中国未闻有因变法而流血者，此国之所以不昌。有之，请自嗣同始"，果然被其言中。

康有为曾对光绪帝说，变法一年就能看到成绩。然而传统体制比想象中更为坚固，变法最终在它的反击之下溃败了。

第十七章　革命旗帜升起

革新和革命的广东

变法运动想原封不动地保留清朝统治，拥护清朝皇帝革新传统体制。这相当于日本幕末的幕政改革，或是其中的重要一项公武合体。

然而，与之不同，试图推翻清朝政权建立汉民族国家的是孙文的革命运动。变法运动和革命运动均起源于广东。

广东省可谓是日本的长崎。正如长崎是日本革新运动和倒幕运动的温床一样，广东省也是革新运动、反清运动的发祥地。

首先，广东省有澳门、广州夷馆这两个外国人居留地。从很早开始就与外国人、外国文化有所接触，从事与外国相关工作的人也很多。买办作为与中国通商的外国商人的代理，起初也是离澳门近的香山县人和广州人。他们通过与外国人接触，痛感中国学习欧美近代化事物的必要性，不少人成了所谓洋务运动的推进者。奉李鸿章之命开办招商局、开发开平煤矿的唐廷枢（字景星），以及写作《盛世危言》，倡导洋务，与电报局、上海织布局创立有关的郑观应都是香山县人。此外，中国最早的赴美留学生容闳也出身于香山县，由他发起并推动的赴美留学的学生也多来自香山县。

其次，距离广东省很近的香港作为英国的殖民地发展了起来，在这里接受教育的中国人越来越多，他们理解了近代文化。

因此，广东省出身的人很早就是洋务运动的推动者。他们因清法战争的失败而发愤图强，在香港成立"辅仁文社"也是为了唤醒中国人，实行改革。康有为最早意识到改革的必要也是在清法战争战败后。

广东省不仅是上述革新运动的发祥地，也是革命运动的渊源地。

满洲人进入中原建立清朝后，郑氏是在福建和台湾两地与之抗争，顽强抵抗到最后的。此外，起初与清妥协，中途背叛的三藩的根据地是云南、广东、福建。

郑氏一族降清后，反清的秘密结社成立开来，以天地会、三合会及其他各种各样的名称存续着，被统称为"会党"。"会党"是从农村的地缘、血缘的关系中脱离出来，作为劳动者搬到城市、海外居住的人们的相互扶助组织。

在这一反清传统上，太平天国又添加了新的革命传统。虽然太平天国并不是直接继承天地会反清传统的组织，但天地会派系里参加太平天国运动的人不在少数。

以日清战争战败为契机而爆发的反清革命运动的领导者孙文，正是诞生于广东这一革命传统当中。

孙文登场

孙文于 1866 年出生在香山县，家里是贫困的农民家庭，有哥哥、姐姐各两人。在 1880 年（光绪六年、明治十三年）15 岁时，他与母亲一起前去投奔在夏威夷的哥哥。

孙文的哥哥当时在夏威夷的毛伊岛功成名就，经营着农牧场（被称为"毛伊王"）。哥哥成功后，在他的接济下，孙文家里的生活得到了改善。

中国人渡海到美国起源于 1848 年以后加利福尼亚淘金热的劳动需求。渡海到夏威夷估计也是始于这个时期。他们被称为"猪仔"，通过广州、厦门等地介绍所的介绍，作为一无所有的合同雇佣移民远渡重洋。但在当时还是独立国家的夏威夷，中国人受到了优待，可以拥有土地，因此成功的人很多。孙文的哥哥也是其中一人。

来到夏威夷的孙文在檀香山的教会学校学习，毕业之后，于 1883 年（光绪九年、明治十六年）回国。之后他在香港的教会学校学习一段时间，又怀着学医之志进入了广州医学传道会办的博济医院，接着又进入了香港为中国人开设的医学校学习。当时是 1887 年（光绪十三年、明治二十年），孙文 22 岁。

孙文在广州博济医院学习期间，与既是同学又是三合会首领之一的郑士良、同是三合会党员的尤烈成为朋友。进入医学校后，他又和发小陆皓东、尤烈的同学杨鹤龄（尤烈在广州算学馆学习,杨鹤龄是香港富商之子)、医学校同窗陈少白等人来往密切。在香港期间,尤其和尤烈、杨鹤龄、陈少白相交甚厚。他们要么是三合会的党员,要么是与三合会关系密切的人物,经常聚集在杨鹤龄家里,谈论革命的话题,被称为"四大寇"。但是他们所探讨的革命议题,是所谓的年轻人的高谈阔论,并不是说他们策划了革命。

当时在香港,杨衢云等在当地接受教育的青年因清法战争战败而奋发图强,成立了旨在启蒙中国人的"辅仁文社",孙文和他们也有往来。孙文在1892年(光绪十八年、明治二十五年)从医学校毕业后,在澳门开始行医,后又搬到了广州。

他在1894年,与尤烈、杨衢云等人在广州会合,组建兴中会。但当时的兴中会以中国的近代化改革为目标,并没有以革命为目标。

在日清战争开始前,孙文曾给李鸿章写了一篇论述富国强兵方略的文章,特别强调了整顿农政的必要性。他来到天津将其托付给了李鸿章的幕僚。向大官递交意见书以展示才能,从而获得进入官场的机会,是当时不依赖科举考试的人们的普遍做法。然而,孙文的意见书似乎并没有引起李鸿章的注意。

不久后日清战争爆发,中国连败。目睹了这一切的孙文对官场不再抱有希望。10月,他来到夏威夷成立兴中会,次年1月回到香港设立了兴中会本部。孙文前去夏威夷,是为了革命筹集资金。

孙文赴日

孙文在香港推进革命起义的计划，以"驱除鞑虏，恢复中华，创立合众政府"为目标。

随后广州成立了农学会。这是以革命为目的的组织，但是为了伪装，用了农学会的名称。然而，1895年10月26日，原定于该日实施的革命起义并未按原计划进行，在此期间，计划泄露，宣告失败。孙文同陈少白等人逃亡日本，在横滨成立兴中会分会，留下陈少白后，孙文前往夏威夷、北美，在华侨之间宣传革命，发展兴中会的会员。1896年10月初，孙文抵达伦敦，经常待在香港医学校时代的老师康德黎家中（孙文革命举兵失败后逃到香港期间，首先就同康德黎商量，两人关系十分亲密）。康德黎一家比孙文稍晚离开香港，途中在檀香山与孙文会面，比孙文早一步回到了伦敦。

但是，10月11日，就在伦敦市内，孙文被早就盯上了自己的清国公使馆的中国人带到了公使馆，监禁了起来。

当时的清国驻英公使是龚照瑗，但实权掌握在顾问马格里（Halliday Macartney）手里。马格里是跟随"亚罗"号战争的远征队来到中国的军医，《北京条约》签订，英清谈判成功后，又投身于常胜军。之后他成了李鸿章的幕僚，负责在苏州、南京建设淮军的兵器工厂。1875年他被解雇，次年伦敦中国公使馆成立，他又担任了顾问，以后就以顾问一职成了公使馆的"主人"。就是他策划了囚送孙文回中国一事。

然而孙文在经历一番辛苦之后，通过前来烧炉子的英国仆人与康德黎取得了联系。康德黎联系了报社以及英国外交部，在他们的压力之下，孙文两三天后就被释放了。

之后，孙文又在伦敦待了一段时间，在大英博物馆的图书室学习。次年1897年7月，他离开伦敦，经由加拿大，于8月初到达日本。

被孙文留在横滨的陈少白，在孙文离开后，结识了日本所谓的"支那浪人"，再次来到横滨的孙文通过陈少白，和他们认识了。他们是明治变革时期未能迎合潮流立身成名之人，幻想着建立以中国为首的东亚秩序的一群浪漫主义人士，后来成了计划吞并中国的军部、右翼巨头头山满，又或是谋求与中国亲善的政党人士犬养毅等人的食客，受其驱使。其中，宫崎寅藏（滔天）经曾根俊虎介绍，结识了陈少白，后从陈少白那里听闻了孙文的情况，便迫不及待要与孙文会面。他的愿望在孙文抵达横滨后不久便实现了，二人在陈少白家相识，从此开始了漫长的友谊。

革命派与变法派

孙文后来在宫崎等人的照顾下居住在东京。次年1898年10月，变法运动失败，逃离西太后政变的梁启超（时年26岁）来到了日本（梁启超在日本，与大隈重信以及东京专门学校，即之后的早稻田大学的高田早苗、犬养毅、柏原文太郎等人有交往），暂时逃到香港的康有为也在宫崎的陪同下来到日本。

宫崎等人试图促成康有为和孙文的合作，但是两派不仅主张不同，而且曾经得到光绪帝信任的康有为（时年40岁）

梁启超

姿态很高，并不把"叛徒"孙文（时年 32 岁）当回事，所以未能成功。

当时革命的风潮还处于下风，希望在清朝统治下进行革新的呼声更高。康有为、梁启超在横滨华侨的支持下组织了"保皇会"，发行《清议报》进行宣传。而且，早在前一年，横滨就已成立了大同学校，这成了保皇会的华侨学校。

针对此，孙文等革命派也为革命派华侨成立了华侨学校。但是，革命派的势力远不及保皇派的势力。然而，在企图统治中国的日本人中间，支持革命派孙文的占多数。

1898 年美西战争爆发后，菲律宾成为美属领地。孙文在收到菲律宾独立运动领袖阿奎纳多（1869—1964 年，出生于菲律宾的卡维泰，1896 年发起了革命叛乱，之后逃到了香港。在美西战争中协助美军，之后再次发起了革命）的救援请求后，于 1898 年年末至次年，和日本友人策划了援助行动。所幸，他们得到了准备将来南进的军部的支援，购得了日本军队的剩余武器，发送至菲律宾。但是运输船中途遭到了暴风，最终沉没在了中国宁波湾。

康有为在次年1899年3月，离开日本去往夏威夷、加拿大，组织华侨成立了"保皇会"。留在日本的梁启超，起初并不赞成兴中会关于合作的提议，在东京成立了大同学校作为中国赴日留学生的预备学校，又在神户成立了为在留华侨服务的同文学校，致力于扶植保皇会的势力。然而，在掌握了日文并阅读了大量的日本书籍后，他的想法为之一变。

他与孙文经常往来，逐渐亲近革命，终于在这一年的秋天，两派实现了合作。然而，对此表示反对的保皇派人士向康有为控诉。此时身在新加坡的康有为立即派出门下一人前往日本，把梁启超安排到夏威夷管理保皇会的事务，将他与孙文分离。

梁启超于1899年12月动身前往夏威夷之际，立誓与孙文合作。孙文为梁启超准备了一封介绍信，将他引荐给自己在夏威夷的兄长和同志。于是，梁启超带着介绍信和日本友人（柏原文太郎）的旅券渡海前往夏威夷。

抵达夏威夷的梁启超，试图在华侨中间扩大保皇会，但华侨的六七成是三合会党员，加盟保皇会的人寥寥无几。于是，他亲自加入了三合会，并成为领袖，之后便成功劝诱他们加入了保皇会。在此期间，还发生了一件逸事，梁启超与加入保皇会的华侨女孩谈起了恋爱。

一方面，梁启超在从日本出发前，与孙文关系最为密切最接近革命的时期，曾与来到日本的唐才常（湖南浏阳人。和谭嗣同一起在长沙建立了时务学堂，成立了南学会）等人一起制定计划，打算结集保皇派全部力量，举兵营救光绪帝。唐才常从康有为那里得到了资金支持，归国后，在上海成立了正气会，后在康有为的命令之下改为自立会，负责联络长江流域的会党，推进举兵准备工作。自梁启超去了夏威夷之后，康有为在新加坡进行指挥，梁启超负责筹钱。

另一方面，孙文派的日本人、中国人也联络了长江流域的哥老会、三合会，并把他们的首领召集到香港召开会议，成立了兴汉会，孙文为会长。因为兴中会是由辅仁文社系的杨衢云担任会长，所以人们另立该会，推举了孙文。

像这样，在保皇派和革命派怀着不同的目标各自活动期间，中国北方动乱的火苗被点燃了，这就是义和团运动。关于义和团运动，之后我们还会详细讲述。保皇派和革命派均利用了这次北方动乱，发动起义。

自立军举兵

八国联军在北方展开攻击后，唐才常等自立会同志80余人于1900年7月26日在上海设立国会，选举容闳为会长、严复（福建省侯官县人，在福建船政局附属学校学习，1877至1878年留学英国军校，归国后在母校任教）为副会长、唐才常为总干事，准备举兵。唐才常等人以汉口为中心在长江流域设置五军，计划于8月9日，各军同时起义，起义时使用的布告也已事先印刷好了。根据布告，自立军举兵的目的是：（一）保全中国的自立权；（二）请求光绪帝复辟。此外，自立军还立下了一系列禁令：不允许损害外国人的生命财产，不允许烧毁教堂迫害教民，不允许扰乱通商租界。

就在8月9日当天，大通的前军举兵失败。前军的负责人是湖南长沙的秦力山。他曾在长沙的时务学堂受教于梁启超、唐才常。梁启超在东京开办大同学校时，秦力山作为时务学堂的学生被选拔到日本留学。在梁启超去往夏威夷后，由秦力山担任《清议报》的主笔。义和团运动兴起后，他主张促使义和团将"扶清灭洋"的口号改为"革命排满"，与义和团合作。为此，他亲自去往天津劝说义和团首领，但却被当作"二毛子"（指两岁的羊，是辱骂基督教徒的用语），终因义和团的顽固而放弃了合作的念头。秦力山举兵失败后逃到了日本。

大通举兵失败后，8月22日，位于汉口英租界的自立军本部遭到张之洞部下的突袭，唐才常（33岁）等中心人物被捕，并于当夜被处决。

自立军举兵是保皇派热情的最高峰。随着举兵的失败，历史的重担也开始转移到革命派肩上。

惠州举兵

孙文等革命派也利用义和团动乱制定了举兵计划。

帝国主义列国担心义和团运动会造成中国分裂，为确保各自在日清战争后划定的势力范围，采取了各种手段。

其中，英国占据着华南和华中的势力范围，为了维护既得利益，英国试图在华中和华南分别扶植湖广总督张之洞和两广总督李鸿章建立独立政权。

后者其实是香港的改革派成员何启与广东富豪刘学询（与孙文同为香山县出身。刘学询考取进士后，在广州组织"闱姓"——猜科举考试中榜者名字的一种赌博活动，积累了财富）谋划出来，并取得了香港总督卜力支持的一个对策，他们是计划以任命孙文担任民政部部长为条件，促成李鸿章和孙文的合作。

孙文在接到早就有交往的刘学询的该邀请后，6月初和宫崎等人一起抵达香港。宫崎等作为孙文的代理，乘坐事先安排好的军舰到达广州，后又换乘小汽艇到达刘学询郊外的大别墅，商议合作的条件。宫崎等人提出的"特赦被下逮捕令悬赏逮捕的孙文，确保其生命安全""为清理孙文的负债出资六万日元"这两条均得到对方允诺。这六万日元他们打算用作举兵的军用资金。

在宫崎等人与刘学询会面期间，孙文率先经西贡去往新加坡，原定于在那里与宫崎等人会合，但因孙文在西贡滞留时间延长，宫崎等人早一步到了新加坡。

去新加坡是为了与当时正在新加坡坐镇指挥长江流域自立军勤王的康有为会面，并劝说其合作。然而，在新加坡保皇派中间流传着谣言，说宫崎等是前来刺杀康的刺客。不仅康有为没有与他们会面，宫崎等人还被新加坡当局逮捕了。虽然宫崎等人最后被晚些到来的孙文救了出来，但也因此，孙文与梁启超之间形成的合作势头断绝了。

他们在船上商讨着举兵计划，来到了香港。但又被香港当局告知根据保安条例五年内他们被禁止入境。他们在船上商讨的结果是，由没有遭到驱逐的郑士良（弼臣）等人上岸，在惠州举兵进击广州，孙文则从台湾偷偷入境。但是这一计划因武器补给的差错而未能推行。此外，与李鸿章的合作也因北京被八国联军占领，李鸿章作为谈判的全权代表北上而化作泡影。

然而，当时的日本山县内阁，从7月左右起，就多次提起利用义和团运动占领台湾对岸厦门的计划。台湾总督儿玉源太郎、民政长官后藤新平接到秘密指令，雇用中国人在厦门的本愿寺道场纵火，并伪装成是义和团同党所为，率领在港外待命的军队试图占领厦门。

怀揣这一计划的儿玉，支援孙文以台湾为基地在对岸举兵革命。于是，孙文等人制定了在惠州举兵，进而东进进军厦门的计划。

但是，8月下旬，山县内阁的厦门占领计划就要实施之前，被打探到风声的外国横加干涉，从而中止了。

虽然日本的计划中止了，但是孙文的举兵革命并没有中止。10月，从惠州三州田山寨出来的郑士良等人率领由会党组织起来的军队，打败清军，后又进军厦门，但因预定的武器没有如期到达，最终失败了。

就这样，面对清国的战败以及帝国主义列国的趁机入侵，变法派和革命派为了保卫祖国各自探索着救国道路。在此期间，在华北，那些饱尝侵略之苦的民众组织了义和团，纷纷站了起来。

第十八章　中国民众的愤怒

德国入侵山东

1899年6月，在山东青岛西边的高密县，一群农民为阻止胶济铁路的修建工程而与工部发生了冲突，将打好的桩子一个个都拔走了。因铁路通过农田和墓地，他们要求变更路线，但是问题始终都没能得到解决，从而引起了他们的愤怒。胶州的德国当局接到报告后，立即派出军队，射杀了20名农民。

这个例子清楚地展现了德国入侵山东的情形。外国野蛮的侵略给华北官民印象最为深刻的是基督教教会。对中国地区天主教传教士的保护，此前都是由法国负责的，而德国使得山东地区德国天主教教会传教士的保护权转移到自己手里，并利用它扩张势力。

日清战争后，民众愈发穷困。地主和官僚长年累月的横征暴敛，再加上清朝为支付赔款新增加的各种税收，使得农民的负担日渐加重，而频发的自然灾害更是雪上加霜。各地流民成群,逐渐演变成暴徒。特别是山东一带,因淮河泛滥而背井离乡的农民大举北上,日清战争之际的败残兵、失业兵等也混入其中,加剧了社会的不稳定。

在此基础上,外国的棉线、棉织品大量涌入,使农民的副业——家里的手工业蒙受打击,铁路、轮船的发达使得大运河船夫等运输劳动者大量失业。在饱尝贫困之苦的民众眼中,突然涌入的外国人和外国商品自然是痛苦的根源。他们深信,干旱、洪涝、饥馑等都是那些挖地、掘坟、跑火车、在教会宣讲有悖于人伦的基督教的洋鬼子作怪所造成的。将满怀这样不平和疑惑的民众煽动起来,并组织起来引发暴乱的,是义和拳会。

义和拳会

义和拳会是前面提过的白莲教在山东省的一个分派。它的教徒为了护身练习了一种叫义和拳的空手拳,故而得名。该会的守护神有孙膑、张飞、孙悟空等。会员相互之间称呼师兄,称首领为大师兄、总帅为祖师。他们在村子的关岳庙里,设祭坛、念咒文、举行精神集中的秘密仪式,宣称"降神附体,刀枪不入"。有名的领导者有张德成、曹福田、黄莲圣母等。

张德成原来是白河的船夫,因京津铁路开通而失业,据说恨外国人入骨。曹福田是失业士兵,黄莲圣母的丈夫原来是大运河的船夫。

义和拳会的教徒形形色色,有失业船夫、失业士兵、败残兵、私盐商贩、妓女、官府的下层衙役、雇工、道士、和

义和团领袖张德成

尚、乞丐、农民等。也有按照阶层分类的组织，像黄莲圣母以妓女为主组织起来的红灯照、乞丐的沙锅照等。在天津、北京等城市，有不少少年参与其中。这从太平天国运动中也能看出，应该是中国社会少年劳动普遍化的反映吧。总之，由于义和拳会在日清战争后吸收了大量对急速入侵华北的外国势力怀有怨恨的下层大众，因此它成为排外色彩极强的团体也是理所当然的。

在山东义和拳发展史上，具有历史意义的事件是1899年10月的平原事件。

在此之前，从1896年左右起，以山东西边、西南一带为中心，破坏烧毁教会、诱拐教民现象不断，公使们要求清政府进行管制。清政府因担心会发展成为重大国际问题，故任用曾在曹州取得功绩的毓贤为山东巡抚，并对他寄予了很大希望。

此时，济南西北的平原县发生了民教纠纷（为了方便区分,称基督徒为教民、非基督徒为民),以朱红灯为首的义和拳介入其中开展活动,知县蒋楷在骑兵队的支援下试图驱散他们。但是,朱红灯等人根本不把他们当回事,宣称"明年是劫年,玉皇大帝命诸神下降"。于是,骑兵队开始进行巡回警戒。10月17日,拳会攻击清兵,致使对方死伤十多人,并抢夺军旗,与赶来的骑兵队激战,之后遭到驱逐。然而,听到报告的毓贤认为蒋楷的处置太过糟糕,将其革职,同时夸赞了朱红灯,并授予他亲自署名的写有"扶清灭洋"的大旗。也就是说,毓贤公开承认了义和拳会。从此,义和拳会开始公然在山东各地活动,与各村的自警团整合,形成了义和团。

这样一来,不仅是下层的大众将义和团当作义民,就连有名望的官员、财主也加入进来,义和团在全国各地如雨后春笋般诞生。目睹了这一情形的美国公使康格向总理衙门强硬要求取缔义和团并罢免毓贤。

清朝守旧派

清朝政府并不是从一开始就承认、奖励义和团,而是站在列强与义和团中间持续摇摆着。当时掌握清朝政府实权的是以西太后为中心的守旧派,荣禄、刚毅等军机大臣以及端郡王载漪(惇亲王奕誴的次子,光绪二十年被封为端郡王。正室是西太后的侄女)等就是这一派的。他们相对于对改革持同情态度的光绪帝一派的帝党而言,被称为"后党",是主张维持传统体制的势力代表。其中,载漪、刚毅等最为保守,在一定程度上较为现实的荣禄是唯一能对西太后施加影响力的人物。

西太后对企图在宫中变法，甚至谋害自己的光绪帝恼怒不已，载漪乘机迎合西太后，使得自己的儿子溥儁被立为"大阿哥"（皇太子）。

然而，列国对帝党即保皇派持有好感，暗中否认溥儁成为皇太子，李鸿章等洋务派大臣也不予以支持。此外，上海的绅商（具有官僚身份的商人）也联合起来公然表明反对的态度。原本保守排外的载漪等人由此认定"洋鬼子"及与"洋鬼子"有关之人都是敌人，对洋人更加憎恶了。

在权力集团内部感到孤立的载漪等人，转而依赖义和团的力量。他们醉心于引见义和团首领，又在府邸设立祭坛，在清政府内部推进利用义和团的策略。不过，来自政府内部的反对声音同样强烈，载漪等人并不能一下子左右清政府的施政策略。

尽管清政府内部守旧派的观念非常陈旧和排外，但对待列强的侵略，他们也有现实认识：从中国当前的财力、兵力来看，断不能由中国先挑起战端。他们也意识到，脚下的传统体制本身在发生大的动摇。所以，他们对内尽量避免刺激民众而让民众暴徒化，对外则极力避免将矛盾发展为国际性的大事件。于是，在努力增强军备力量的同时，他们也奖励保甲、自警团（团练），致力于整顿、强化农村秩序。

1898年5月，山东巡抚张汝梅得到许可，将义和团编入自警团。这是通过将义和拳置于农村乡绅的统一管理下，让其遵守传统的秩序，以防其仇教骚动的举措。在全省范围内排外风潮高涨的背景下，义和拳公然地进入自警团的根基已经差不多具备了。义和团的称呼也是始于这个时候。后任巡抚毓贤罢免对拳民动用武力的平原知县、公开承认义和团可以说也是基本上沿袭了以上举措。

1899年12月,清政府召还毓贤,任命袁世凯(因在推倒戊戌新政上起了重要作用,西太后对他的印象很好)为巡抚代理。擅长见机行事的袁世凯,镇压省内的义和拳,尽管因此遭受了弹劾,仍然采取强硬手段一举扫清了山东的义和拳会势力。有种说法是,袁世凯是有意识地将他们赶到邻省。

屈从康格公使的要求从而召还了毓贤的清廷在1900年1月向各省督抚表明了对待义和拳会的态度,即"只问其为匪与否,肇衅与否,不论其会不会,教不教也"。皇帝亲自下诏褒奖毓贤。这是对康格公使的无声抵抗。康格联合了拥有基督教传教权的五国公使结成了外交使团,共同向清政府施加压力。

被称赞的义和拳会

"不论其会不会"并不意味着直接承认义和拳,但是将中心转移到直隶的义和团,以超出清廷预期的速度扩张。沿大运河直至天津地区,以及卢汉铁路所连通的卢沟桥和保定之间的运输工等成为他们的中心。他们吸纳城市里群居的失业者,又渗透到因正月以来连日干旱而人心动摇的农村中。他们所到之处,教会和教民都遭到了攻击,四处都流传谣言称:"3月28日到天津,31日到北京,将外国人全部赶尽杀绝。"

4月,直隶总督裕禄决定采用武力镇压的方针。次月,在北京和保定之间的涞水县,清兵为阻止义和团袭击教民,应知县请求出动，与义和团发生激烈冲突。在大部队拳民的攻击下，一名骑兵队队长作战身亡，义和团与赶来支援的直隶提督聂士成麾下的军队形成了对峙。和清兵对立的义和团烧毁铁桥、火车站，各地的义和团也纷纷响应，天津和北京间的联络中断了。

涞水事件对内对外都造成了冲击。清廷对事态的急速扭转感到震惊，立即派刚毅等去往涿州、保定，想要安抚、解散义和团，但并未成功。6月16日，清廷紧急召还中央政府大员，连日商讨国策。但最终，朝廷内部分为彻底镇压与利用拳民两派，并没有得出一致结论。西太后也在持续观察难以决断。

另一方面，先前的5国外交使团扩大为11国外交使团，在5月28日的第四次公使会议上决定调配公使馆护卫兵。31日，挑选自大沽舰队的341名英、法、美、俄、意、日海军作为护卫兵到达北京。另外，英国驻华舰队的西摩尔中将在接到英国公使窦纳乐的急电后，于6月10日率各国陆战队约2000人离开天津，从旅顺、大连两地动员的约4000名俄军于13日抵达天津。17日，停泊在大沽洋面的各国海军要求交出大沽炮台，并发出最后通牒。遭到拒绝后，他们立即发动攻击，占领了炮台，着陆后进逼天津。

清朝宣战

在被焦虑和苦恼包围的紫禁城内，仍然持续着激烈的争论。袁昶（太常寺卿）、许景澄（吏部左侍郎）、徐用仪（兵部尚书）、联元（内阁大学士）等人主张不能使用拳兵，载漪等人脸色大变，严词加以反驳。

起初，荣禄等人的谨慎论动摇了西太后，但因为列国采取了强硬的举措，载漪、刚毅等人的主战论逐渐占上风。19日，在得知联军发出针对大沽的最后通牒后，态度一直摇摆不定的太后终于决心开战。于是，西太后派许景澄等人告知各国公使限24小时内必须离开。此时，光绪帝阻拦了许景澄，建议"更妥商量"，联元也是老泪纵横，竭力阐明与11国敌对是不明智的，但都遭到西太后的严厉斥责。廷议就这样结束了。

笼城北京

在此前的5月份，当义和团运动在直隶不断发展之时，北京的各国外交官对前途颇为乐观。他们天真地认为清政府迟早会屈服于他们的要求，镇压义和团，因此一心专注在夏季休假的避暑计划上。然而，这一预期在十天内就破灭了。6月初旬以后，大群义和团涌入市内，到处张贴告示（揭帖），呼吁反对外国人、反对基督教，引起了骚动。11日，日本公使馆的书记生杉山彬遭到清兵杀害。接着，义和团开始在市内纵火。19日，总理衙门要求外交官在24小时内离开。然而，各国外交官判断从北京到天津的途中较为危险，从而拒绝了这一要求。各国外交官同其家眷约八百人，以及在北堂（位于北京的法国天主教教堂，是在华法国天主教的根据地）避难的数千名中国教民，被切断了一切与外界的联系，孤立地陷入了义和团和清兵的包围。从此开始了持续近两个月的所谓"北京笼城"。

面对数万的包围军,约四百名由各国人混杂而成的护卫兵和居留民义勇兵从手枪到手制的长枪,动用一切武器,连日连夜不眠不休地应战。中国教民也拿起缴获的兵器、石块、瓦片等同同胞作战。因粮食匮乏、疫病流行,防线逐渐缩小。

与义和团一起包围使馆区的清朝正规兵是荣禄麾下的武卫中军和董福祥的武卫后军。无论公使馆护卫兵如何奋勇抵抗,理应不是清兵的对手。但清朝政府的分裂和动摇使得清军的进攻总是很不彻底。董福祥军排外意识强,作战认真,但受到了对攻击外交官持怀疑态度的荣禄的掣肘。再加上指挥官无能和军纪松弛,清军仅是吹起了进军的喇叭,大声喊起了口号,而没有发动决定性的进攻,护卫兵勉强得以维持防御。

联军入北京

为赴北京救援而从天津启程的西摩尔军,在义和团大军的包围下连番苦战。与清政府宣战的同时,天津市内的义和团和清军也开始攻击租界,天津的列国守卫队深陷重围。于是,列国感到有必要派遣大部队,但是竞相在中国发展势力的各国政府的策略很是微妙。

日本和俄国因占据着最有利的地理位置,所以最先派出了军队。英国因南非战争兵力不足,起初反对派兵,但迫于情况紧急并忧虑俄国出兵,因此赞成日军增援,并予以督促。于是,也对俄国有顾虑的日本决定派出一个混编师团,7月14日,第五师团在大沽着陆。英国派出了印度部队。德国因克林德公使遭杀害,派出了以瓦德西为司令官的强大兵力(日本

联军进攻北京的宫殿

的杉山书记生、德国的克林德公使,都是被董福祥的军队杀害的)。

其间,天津的联军在与张德成的义和团、聂士成的武卫军激烈交战后,于7月14日将天津收入囊中。日本第五师团抵达后,8月4日,以日俄两军为主力的约两万名联军开始进犯北京。

在宣战的同时,西太后明令嘉奖义和团,并悬赏鼓励他们杀洋人。

此时与正规军并肩作战的义和团十分英勇,但在近代兵器面前,拳法毫无用处。另外,从这个时候开始,他们不仅毁坏一切西洋传来的东西,也攻击大官和富豪。

另一方面,他们扬言五天内就能攻破公使区域,但过了一个月仍未攻陷，主战派大官沉溺在"等强大的义和团从山东过来了战局会立马改变"这种不负责任的预测中。其间还出现了惹得西太后勃然大怒的一幕，载漪率拳民闯入宫廷，辱骂光绪帝是"二毛子"。此时天津陷落的消息传来。开始不安的太后采纳了荣禄的建议，停止了对公使馆的攻击，意图寻找和平的契机。

7月17日上午10时，清军的射击突然停止，即将弹尽粮绝的公使馆护卫队终于松下了一口气，好不容易可以休息了。就在这时，荣禄军的士兵徒手靠近，告知其本军的内情，并运来了鸡蛋、蔬菜、水果等物，上演了一出神奇的幕间剧。这样事实上的休战一直持续至8月6日。

清政府意图借用南方和平派督抚的力量打开局面，于是命两广总督李鸿章进京。李鸿章北上至上海并滞留当地，尽管清廷再三催促，他也不动身。以他为首，两江总督刘坤一、湖广总督张之洞等人原本都是强烈反对利用义和团的。因此，在各国的声援下，为防止战乱波及长江以南区域，他们与盛宣怀一起发动了"东南互保"运动，将宣战以后的诏书视为无效，取缔排外暴动，约定维持秩序。就这样，曾短暂向和平倾斜的清政府因南方督抚的不合作而迟迟打不开局面。在此期间，主战派又恢复了势头，反对义和团的许景澄、徐用仪、联元等人被作为通敌的巨魁依次处刑，排外的狂热达到了顶点。

从天津出发的联军火速进攻，8月14日占领北京，救出了外交使团。

当日天还未亮，西太后、光绪等清廷要人拒绝了荣禄的谏言，悄悄逃出宫城，在董福祥军的护卫下，经山西逃到了西安。北京城内，以文明自居的欧美诸国联军士兵烧杀抢掠，无所不为。

北京议定书

北京陷落后，义和团在各地继续顽强抵抗。而清朝正规军停止了作战，开始镇压义和团。外交使团救援结束，列国出兵的目的已经达到了，但由于共同作战当初列国之间围绕瓜分中国的问题就存在纷争，因此实现撤兵、讲和还要经历诸多的曲折。

列国的对立首先体现在联军司令官人选上。俄、法、德都否定西摩尔，主张推选瓦德西。但是三国的联盟并没有持续很长时间。清政府任命李鸿章为讲和的全权代表，亲俄派的他乘坐俄国军舰北上，在北京由俄军护卫。认为早期讲和较为有利的俄国，在占领北京后不久就提议撤兵，但遭到了英国的强烈反对。瓦德西虽然被推选为司令官，但是两万德军在北京陷落之后才抵达。要想确保在讲和会议上的话语权，需要拿出实际成绩。为此，10月，他断然决定出兵保定。

就这样，主张先撤兵的俄美两国与主张先讲和的英德两国对立，而英德两国签订了中国门户开放以及领土保全的协定。结果，列国在英德协定的基调上实现了步调的一致。另一方面，清政府又将庆亲王等人加入全权代表行列，开始讲和谈判的条件具备了。

列国在多次召开公使会议后，12月24日，将12条讲和条件交付给清国全权代表,清方大体上同意了讲和条件,只剩下惩治元凶、赔款等细节有待探讨。于是,又历经了多次公使会议后,次年1901年8月15日,双方终于确定了条约内容。9月7日,庆亲王和李鸿章同11国(英、美、俄、法、德、意、日、奥、比、西、荷)代表分别签订了《北京议定书》(《辛丑条约》)。据此,中国惩治元凶,支付赔款4.5亿两白银,撤去天津大沽口至北京沿线设防的炮台,允许外国军队驻扎公使馆区、北京至山海关之间的12处地方。日本的国际地位依然低下,虽然出动了数量最多的军队,但分到的赔偿金却很少。

就这样,义和团运动拉下了帷幕,但俄国在事件结束后仍占领着满洲,激化了远东地区的国际矛盾,最终成为日俄战争的导火索。允许外国军队驻扎首都及附近要地使得中国的半殖民地化程度进一步加深,背负着巨额赔偿金的清朝更是举步维艰。

第十九章　日俄战争前夕

闵妃遇害

俄国以义和团运动为契机出兵满洲，而这最终演变成了日俄战争。为弄清其中原委，还要从日清战争后的朝鲜说起。

1895年10月7日夜晚，日本领事官补堀口九万一和警部荻原秀次郎在接到三浦梧楼公使的命令后，率六名便服巡查出发，中途与大陆浪人冈本柳之助会合，前往隐居在孔德里的大院君的住处。他们翻墙潜入府内，软禁了正在守卫的巡查，并脱下其制服制帽，让日本巡查穿戴。其间，冈本前去与大院君会面，煽动他的情绪，经过三小时的谈话，终于说服大院君，前往王宫。此时，由日本教官训练的朝鲜训练队与事先在城墙备好梯子的日本守备队也联合起来，突破光化门，侵入后宫。内田领事将随后发生的情形做了如下报告：

"涌入后宫的一群日本人等，由外凿开门扉向内窥视，发现王妃藏匿在数名宫女之中，当认定王妃的藏身之处后，便立

大院君

即挥舞白刃闯入室内……拔刀杀害了三名妆容秀美、疑似为王妃的女子。"

之后他们将王妃的尸体搬运至门外的松林，堆起木柴浇上石油烧毁了，又胁迫战战兢兢的国王将亲俄派逐出宫，杀害闵派要人。大院君开始了第四次掌权，并组建了亲日派内阁。

三浦公使挑起杀害王妃这一前所未闻的事件的背景是，作为日清战争的胜利者，日本在朝鲜的势力一直得不到很大的伸展。在日清战争爆发的同时，日本以武力为支撑开始干涉朝鲜内政改革，驻朝公使井上馨的方针是：废止大院君摄政，抑制闵妃干政，明确宫中、府中差别，并从日本请来许多顾问团，使朝鲜成为像日本那样的法治国。他使得正在逃亡的亲日派巨头朴泳孝成为内部大臣并进行改革，但遭到闵妃一派的强烈反对。据说闵妃曾说过："即便是失去半个朝鲜也要洗刷这一怨愤。"朴在听闻闵妃的话后，计划借助日本壮士和训练队的力量赶走闵妃一派，当事情败露后便逃亡到了日本。就在井上的计划遇阻时，发生了三国干涉还辽事件，井上公使不得不辞职离开朝鲜，改革也就此中断。

闵妃立即与俄国公使韦伯联手建立了闵派亲俄政权。井上公使的继任——三浦梧楼就是在这个时候到任的。他是在"月曜会事件"（月曜会，1881年陆军部内部主张法式兵制的人建立起来的研究团体。因具有自由主义倾向，1892年被主流派解散）中辞职的长州出身的军人，他有个执念：若不肃清闵氏即亲俄派，朝鲜将进入俄国的势力范围。三浦在遭到闵妃的愚弄后便起了杀心，由此引发了外交史上前所未闻的事件。然而事态并未因此而好转。痛失王妃的国王的怨愤、国际舆论的施压、民众的抗议等使得日本在朝鲜的处境急剧恶化。日本政府大为震惊，再加上列国出面进行干涉，于是召还了三浦公使等相关人员，并进行了审判，但最后还是按原定计划以证据不足为由将全员无罪释放。接替三浦担任公使的是外交官中的杰出人才——小村寿太郎，但即便是凭借他的外交手腕也仍旧无法化解各国的疑虑，日本的对朝政策自然就走向了消极。

国王逃亡俄公使馆

闵妃事件发生后，朝鲜反日运动高涨，反日派与美国公使联络之后，于11月28日袭击了王宫，试图将国王从亲日派手里夺回来。但是行动以失败告终。就在王宫的警备松懈之际，朝鲜又发生了一场武装政变。1896年2月11日，国王逃脱王宫，由俄国公使馆保护起来，而以总理为首的阁僚要人则被杀害。

在这种状况下,俄国公使韦伯的势力成为决定性因素。亲俄派组建内阁,日本顾问和日军训练的军队均被遣散,汉城和釜山之间的军用电线也被切断。日本在朝鲜的势力完全没落。

在这样的情形之下,日本以维持朝鲜现状为目的,先后与俄国签订了《山县-罗巴诺夫协定》《小村-韦伯协定》。前者是山县有朋在参加俄皇加冕仪式时与俄国外相缔结的协定,日本做出让步,承认由俄国保护朝鲜国王。

山县因签订这一协定而被说成"恐俄病",因为正如小村所言"国王被夺万事休"。而且,俄国在与日本进行交涉的同时,还与中国和朝鲜分别缔结了具有对日攻守同盟性质的《俄清密约》(《中俄密约》)和《俄朝密约》(前者是参加俄皇加冕仪式的李鸿章与罗巴诺夫签订的,后者是在朝鲜签订的),所以与日本之间的协定是没有意义的。这也很快被历史所证实。

俄清密约

日本从中国拿走了近3.5亿两的日清战争赔款。日本以此为准备金,在确立金本位制的同时,还制定了军备扩张十年计划。日本借此完成了产业革命,尽管过程曲折但也走上了工业化道路。但对中国而言,这笔赔款立刻成了从欧洲列强借来的钱款,加深了在金融上对列强的依附关系。1895年的俄法借款,1896年的《俄清密约》以及基于此而创立的俄清银行、东清铁路公司，1898年租借旅顺和大连湾，这一系列事件都表明了俄国对中国的野心。

对于中国而言，《俄清密约》的主要目的在于第一条。即规定：日本在侵略俄国的东亚领地或清国、朝鲜时，两国要相互援助。

但对俄国来说，主要目的却是第四条。它承认了俄国修筑至符拉迪沃斯托克的东清铁路的特权。与中国全权代表李鸿章进行交涉的财政大臣维特后来坦言：相互援助这一规定不过是使中国同意俄国修筑满洲铁路的手段而已。俄国获得东清铁路以及连通南方海岸铁路的修筑权后，又租借了旅顺和大连，终于将一直以来梦寐以求的不冻港收入了自己的囊中。但维特坚信可以通过和平的侵略手段实现对整个远东地区的控制。所以当沙皇决心租借旅顺和大连时，维特对米哈伊尔大公说道：

"殿下，请记住今天这个日子。请您看好了，这宿命性的第一步将给俄国带来怎样可怕的后果！"

他在后来回想时写道，这第一步"最终将我们引向了日俄战争这个不幸的结果"。

俄朝密约

俄国在远东地区的野心并不止步于满洲。根据《俄朝密约》的议定，朝鲜要雇用俄国军事顾问和财政顾问，俄国获得俄国和朝鲜之间陆上电线的铺设权，朝鲜国王从俄公使馆返还后，由俄国保证其安全。由此，俄国将校成为军事顾问，组建了八百人的亲卫队和四千人的军队。俄国还要求将财政顾问由英国人布朗替换为俄国人阿列克谢耶夫，并以此为条件设立俄韩银行。此外，俄国还获得了矿山开采权、煤炭放置所租借权、铁路修筑权等。

然而，俄国的热情和沙皇租借旅顺、大连的决心一起倾注到了对满洲的经营上。为此，俄国撤掉了朝鲜军事顾问，关闭了俄韩银行，并与日本签订了《西-罗森协定》（1898年4月成立，立足于满韩交换主义，以暂时调整日俄关系为目的）。俄国是担心在朝鲜激化与日英两国的矛盾。

当时，日本也热衷于确保在朝鲜的各项特权。日本虽然通过《日韩暂定合同条款》，获得了京釜铁路和京仁铁路的铺设权，但由于国内资本不足无法将其作为民间事业来开展。军部出于军事上的考虑希望铁路迅速建成，为此给予了大量的政府援助，并让涩泽荣一等人成立京仁铁道公司。在此之前，小村公使也要求在木浦和旗津浦设立专管租界（位于平壤南部，现在的兼二浦附近。由于各国使臣的反对，最后妥协的结果是，开放木浦和镇南浦，设立各国共用租界。日本的意图由此落空），用作战时陆军部队的登陆地。之所以提这样的要求，是因为仁川的专管租界太过狭小，不适合大部队登陆，导致日清战争之际日本军队挤满了共用租界，进而引发了外交问题。但由于朝鲜国王还在俄公使馆避难，这一要求遭到了拒绝。1898年，陆军决定另外在马山浦（朝鲜半岛南端，面对镇海湾的要港，1902年设定为日本专管租界）收购军用地五万坪，用作日俄开战时的兵站基地。以大隈为总理的宪政党内阁将这一计划作为国策予以采纳，并在1899年前完成了收购计划。

所谓的马山浦事件就是在这一过程中发生的。通常认为，这是俄国公使巴甫洛夫为修建舰队根据地而率先挑起的，日本不过是为了与之抗衡才开展土地收购战。然而这实际上却是由日本事先策划的，俄国不过是计划在此设立医院和煤炭仓库作为旅顺舰队的冬季避寒地罢了。

就这样，日本暂时承认了俄国对满洲的统治，作为交换，俄国也默认了日本对朝鲜的统治，这样的满韩交换论成为日俄间的外交原理。

阿穆尔河之流血

1900年，日本军事侦探石光真清（1867—1942年，陆军幼年学校、士官学校毕业，与橘中佐同期，当时是陆军步兵大尉）与瑷珲聚英栈老板宋纪曾有过一番交谈。当石光谈起东清铁路的计划时，宋纪说：

"满洲已相当于是俄国的了。铁路建好后，俄国的势力会更强吧。但这也是天意。是上天派俄国来统治满洲。没法子！"

数日后，从北京传来了以端郡王为首的义和团举兵的消息。石光召集了聚英栈的店员，询问他们的看法。

他们说："说起端郡王啊，听说他英勇果敢，和别的亲王不一样。他可是忧国志士。……这场骚动只怕会越闹越大。"

数日后，瑷珲驻屯部队的刘谦德向与瑷珲隔江（黑龙江）相望的布拉戈维申斯克发起炮击。这一事件实际上是以齐齐哈尔为中心的红胡子（出生于俄领西伯利亚的马贼，掌握地方实际统治权的武装集团）头目宋纪，在北京的密令之下与刘队长共同发起的。俄军迅速采取行动，屠杀了布拉戈维申斯克东南的江东六十四屯（《瑷珲条约》签订，黑龙江以北成了俄国领地后，仍允许中国人居留的地方）的数千名中国人，并将尸体抛入黑龙江，河水被染成鲜红。接着俄军又入侵黑河屯、瑷珲，烧毁城市，屠杀居民。俄军铺设铁道，开始运输军队、军需品和铁路材料。就这样，俄国开始了侵略满洲的步伐。

这一报道对日本国民造成了很大的冲击。1901年春，日本第一高等学校的寮歌[①]就吟唱了《阿穆尔河之流血》。此外，土井晚翠也以《黑龙江上的悲剧》为题创作了诗歌：

"记住吧！西历1900年，你的水变成了坟墓，五千名无辜的生命，在这里变成了幽冥之鬼。因这凄惨的怨愤，此岸将永无花开。"

流血事件过去半年后，石光和宋纪的盟友增世策一起来到了布拉戈维申斯克的食堂。那里挤满了被派到远东的俄国军人和官员，其中一名军官站起来做了演说："总之，这一事件以后，满洲已确实被并入大俄帝国，世界地图由此而改写，铁道工程也正顺利进展。随之，满洲矿山也将得到开发，斯拉夫大帝国将在欧亚两大陆繁荣昌盛。诸位，让我们共同庆祝大俄帝国的成功，高呼沙皇万岁吧！"

一群人欢呼雀跃地从椅子上站了起来，唱着沙皇万岁，高亢的女声也附和了进来。增世策此时脸色发青，紧握起搭在

---

① 寮，在日语中指宿舍。——译注

桌角的双手，根本不想去拿递过来的盘子。

石光劝说增世策组织游击队扰乱俄军后方。当晚，增世策便决定动身去据守长白山深处。他们日后便作为满洲义军展开行动（日俄开战后，日军为扰乱俄国兵站线，组织马贼，将其取名为满洲义军，但战后却不知道该如何处置他们）。

围绕满洲

日本参谋本部综合石光等人的情报，对俄国驻扎在满洲的兵力进行了测算：

"明治三十三年，其驻屯兵力足以达到野战部队步兵48个大队、骑兵34个中队、炮兵20个中队、工兵4个中队、铁道兵6个中队、要塞步兵6个大队、要塞炮兵13个中队、要塞工兵3个中队。"

以如此庞大的兵力为背景，俄国远东总督阿列克谢耶夫强迫奉天将军增祺签署密约，掌握了满洲军事行政的实权。

侵略满洲的动脉——西伯利亚铁路不断延伸，参谋本部的测算也在继续：

"明治三十三年，从莫斯科运送一个军团到哈尔滨需要77天。受铁路、水路运输能力及地方物资供应的限制，俄国在远东地区可给养的兵力应该不过20万至24万人。但东清铁路的哈尔滨—格罗捷科沃路段最晚明治三十六年就能修成，而符拉迪沃斯托克—哈尔滨—铁岭路段预计明治三十三年秋完工。如此一来，俄军的战略位置会变得愈加有利。"

当时，日本的军备还没有达到预期目标。扩军十年计划至少要到 1904 年才能完成，船舶运输能力仅能同时运载两个师团。所以为了防范俄国南下所带来的危机（因关系到日本安全），日本只有两条路可走，要么与俄国签署协定以谋求其缓和侵略，要么与欧洲的其他国家——英国联手，借助外部力量与俄国进行对抗。伊藤博文选择了前者。他认为英国是否愿意与远东小国日本进行结盟是存疑的。

但是就在此时，令日本外交官和政治家意想不到的是，英国外交大臣兰斯顿正在构想为防俄国南侵而向日本提供军事援助的计划。虽然这一计划并未被阁议所采纳，但这意味着英国开始认真考虑与日本的同盟关系。恰好这个时候，加藤高明外相向伊藤首相阐述了自己的观点，要求内阁会议重新讨论满洲问题，他说道："俄国占领满洲，其本身虽不会直接与我国利益发生重大冲突，但这最终会导致俄国势力控制朝鲜半岛，进而有危及帝国自卫之虞。"对日本来说，满洲问题并非经济问题，而是对朝关系方面的国际政治课题。

此时，在去往符拉迪沃斯托克的火车上，石光邂逅了一位在元山深处负责教化朝鲜人的日本老人。这位名叫笹森的老人是位地理学者，曾在乡里担任县会议员及市长，当被问及朝鲜如何看待俄国南侵时，他回答：

"是啊，应该很迷茫吧。毕竟力量弱小啊！力量弱小者只能见风使舵，这是当然的。如果俄国吞并满洲，朝鲜会立即选择依附。"

接着他还坦白自己来满洲的缘由：

"若真如此，你认为日本会处于何种境地？我们有能力敲打俄国吗？有信心自保吗？我虽然老了，但哪能坐视不管呢！若年轻人没有志向的话，那我就拖着这老迈的身体做点贡献吧。就是这么回事儿。"

同理，笹森老人也不是出于经济上的动机。

日英同盟

1902年2月11日，伦敦和东京同时公布了日英同盟缔结的消息。德国医师伯尔兹（1849—1913年。1875年赴日，将德国医学引进日本。在东大医学部及其前身东京医学校授课，明治天皇御医，著有《伯尔兹日记》）在日记中写道：

"新同盟的缔结让日本人欣喜若狂。可不是？一直奉行不结盟主义的国家与人种不同的日本国民以享有同等权力为基础缔结盟约，这对日本人来说确实是一大胜利。庆应义塾的学生排成盛大的火把队伍，在英国公使馆前欢呼万岁。（2月14日）"

日英同盟提升了日本国民天真而单纯的自尊心。沉醉在成功里的并不只有国民。桂太郎首相因这一功绩成为伯爵，林董驻英公使成为子爵。不仅如此，包括小村寿太郎外相在内的全体阁僚都因此而被封爵。有人说道："连农商务大臣都成男爵了，不免也太过于利益均沾了吧。"而小村讽刺地笑了笑："单凭他们严守了同盟谈判的机密这一点就应该被授爵。"伊藤因为是日俄协商论者，所以在这之后多少失去了些威信。但两派的差异并没有人们通常想象的那么大。伊藤并不反对同盟成立，而且在主张在朝优先权和谋求满洲中立的点上，两派是一致的。日英同盟论者也不是以对俄战争为目标而缔结同盟，他们是希望借助同盟关系防止俄国南侵。工商业者希望结盟也是出于这一点。《实业之日本》的社论写道：

"日英同盟给东洋和平带来保障，外资也会不请自来。……东洋和平得到保障，加上外资流入，内地工商业的振兴和发展也就指日可待了。日英同盟成效巨大！"

虽然小村外相指出日英同盟带来的好处是财政上的便利、通商上的利益以及可以与俄国海军力量抗衡等，但饱受重税之苦的国民却要求政府立刻减税。政友会领袖原敬以这一要求为背景，提出以下主张：

"应反对继续收取地租，也应反对以这一地租为财源的海军扩张。既然日英同盟已结成，应暂缓军备扩张而采取适当措施。"

但小村的主张却并不限于此。他设想，既然有了英国充当后援，如若采取果决态度，便能够排除俄国势力的干涉。他于9月末紧跟列强侵略的脚步，为获取利权，要求国库支出479万日元清韩事业费。他企图此举成功后将整个朝鲜纳入日本势力范围。

这笔钱本应用于在中国创立日清银行以及对矿山、铁道、水路、商况等的调查上。

10月2日，内阁会议通过了小村的提案。日英同盟的缔结和清韩事业费的投资，使日本确定了前进的方向。当俄国阻挠小村的计划不予让步，而且日本依仗英国的后援而固执于自己的方向时，日俄战争的爆发就变得必然了。

第二十章　日俄战争

走向战争之路

　　尽管日英同盟已经缔结，但俄国在满洲的活动却没有因此消停。1902年4月8日签订的关于返还满洲问题的《俄清协约》(《交收东三省条约》)明显侵犯了中国主权，而《北京议定书》的补偿额甚至也包含与占领满洲相关的部分。[①] 俄国执行了10月份的第一期撤兵，但到次年4月8日的第二期撤兵期时反过来却增强了兵力。此外，俄国还以保护森林公司的借口，将部队驻扎在朝鲜北部，并在龙岩浦租借了25万坪用地，开始修筑炮台。

　　在沙皇宫廷的内部，稳健派势力衰退。"如果必须在对日让步和完全让渡韩国（朝鲜）之间二选一的话，将毫不犹豫地选择后者。日本即便经营韩国（朝鲜），在西伯利亚铁路建成

---

① 指俄国出兵东三省需费最多，故所得额最大。——译注

后也会难以承受俄国的压迫。一旦这样，那么俄国将会轻而易举地得到韩国（朝鲜）。"如此主张和平侵略论的维特被置于大臣会议议长这个闲职上。取而代之撑起政局的是别佐勃拉佐夫、阿列克谢耶夫、阿巴扎等武断派。阿巴扎的政策是彻头彻尾的强硬政策。他上奏沙皇：

"若欲维系与远东国民之间的和平，虽说未必要使用兵力，但兵力的实际存在却是必要的。日本的谚语'强者不拔剑'用在这个场合尤为贴切。"

面对俄国的恫吓政策，日本也采取了强硬政策。原敬表示政府"从一开始就相信俄国是虚张声势，如果采取更为强硬态度，俄国应该会接受"，但由于两国都不让步，交涉当然也就陷入了僵局。

开战舆论

军部首脑对于开战并无信心。大山岩参谋总长阐述了战争的弊端，并附言"即便是赢了也拿不到赔款"。山本权兵卫海相主张："诸如韩国（朝鲜），失去便罢，帝国只需防卫好固有领土足矣。"

1903年10月，主张"温和论"的田村怡与藏次长去世，由内相儿玉源太郎继任。民间组成"对俄同志会"，东大七教授提倡主战论。政府秘密向这些组织提供资金支持。

而被煽动的民众则从战争中寻求一改生活困苦面貌的机会。二叶亭四迷认为："日俄开战是平民成为日本主人公的机会。"开战热席卷全国。

德国医生伯尔兹从他在火车上偶遇的一位追逐时髦的日本人口中听闻:"民间对俄情绪的激化已无法遏制,他们说什么政府应该宣布开战,否则会引起内乱。甚至说'事实上连天皇的位子都岌岌可危啦!'"他批判那些主战论者:"这些没责任感的家伙都太想当然了。他们仅凭感情用事,完全不去想伴随战争的是极其重大的责任。"陆军中将谷干城看到这个情形感叹道:"政府摆出威胁对方的架势,但却被对方将计就计。即便最后再怎么想避免战争,也终究会陷入无法避免的境地!"

政府也深感苦恼。6月的御前会议上确立的方针是:如果俄国违约,拒绝撤退满洲兵力,日本将借此机会解决朝鲜问题。日本在朝鲜问题上不会向俄国让步,但在满洲问题上,预计会多少做出些让步。待到了龙岩浦问题发生,情势变得紧迫的10月份,政府仍然没有确定好最后方针。参谋本部井口省吾少将(开战时任参谋本部总务部长。开战前与外务省、海军主战派一起在日式酒馆"湖月"会晤,是主张开战论的"湖月组"中心人物)悄悄在日记里记录了当时最高统帅部的实况:

"桂总理大臣决心不坚定,优柔寡断,恐贻误国家大事,令人恼怒!……大山参谋总长也无战意,再加上陆海军不和,陆海军两大臣,特别是只知有海军不知有国家的山本海军大臣,既不能明辨时机,也没有战争的决断力。帝国大业将去也。"

资产阶级对战争也不热心。三井的朝吹英二说道:"一旦开战,仅三井一家就会损失15万。"涩泽荣一也拜托小村外相

"无论如何也要平稳收场"。

然而，俄国的态度始终强硬。1904年1月6日，俄国做了第二次回复，向日本提出了两个条件：一是限制日本对朝鲜领土的使用，二是在朝鲜北部设立中立地带。对于日本想要的满洲领土保全则只字不提。而且，俄国正在从欧洲向东方运送第二军团，增遣舰队也正着急赶往旅顺。拖延只会给俄国增强兵力提供时间。1月12日，御前会议决定开战。只是，在战备完成之前决定继续进行外交交涉。2月4日，日本召开了紧急御前会议，对俄作战计划正式启动。

国家兴亡攸关

2月4日，金子坚太郎被伊藤博文的一通电话叫了过去。他毕业于哈佛大学，美国总统罗斯福曾是他的同窗友人。伊藤恳请金子坚太郎立即赴美，为操控美国舆论以及为将来罗斯福的居间调停做准备。当金子坚太郎以此行难以成功为由回绝了伊藤的请求时，伊藤说道：

"此次战争陆海军均无胜算。日本是豁出整个国家在战，并没有把胜败看得很重要。强大的俄军一旦入侵朝鲜，朝鲜就很可能会被窃取。陆军虽在朝鲜有防战战略，但却无十足把握。海军与旅顺、浦盐的舰队交战，也可能会被击沉……如果俄军大举袭击九州海岸，博文将与将士们一道，拿起武器奋勇抵抗。哪怕是全军覆没都不能让敌人踏进国门一步！军人可能会全部战死，舰队可能会全部沉没。此战想要取得胜利是不可能的，我们需要有为国家豁出一己性命之决心。"

金子被伊藤的赤诚打动，便答应了下来。在出发前，他拜访了儿玉参谋次长。儿玉坦言："只有首战能获胜，剩下的五五分吧。现在我们在朝着四六分的结果努力。"山本海相说道："已做好日本军舰半数沉没的思想准备。即便如此我们还是在思考获胜良策。"

然而，原敬却在日记里冷静地写道：

"伊藤和井上虽是非战论者，却不亮明态度。于是，一般国民，尤其是实业者虽最为厌恶战争，但却没有站出来反对的勇气。如此一来，国民虽无心战争却渐渐被战争所驯服。政府中虽有人为了自己的美名而坚持主战论，但实际上真正喜欢战争的人并不多。可是这些人也主张表面强硬，最后变得无路可退。"

伊藤所说是事实，原敬所说也没有错。如果是这样的话，就必须在俄国的准备尚未完成前通过突袭取得战果，在国民厌战运动还未开始前就结束战争。于是，在2月10日的宣战公告发布前，6日，日本便向俄国发出断绝国交通告并开始军事行动。8日，仁川洋面海战爆发，当晚，驱逐舰夜袭旅顺口。24日，日本派出第一支闭塞队（日本海军为了阻止旅顺舰队出动，在港口自沉商船，拼死作战。5月3日之前派出了三支，以广濑中佐为首的80名战士身亡），以阻拦试图妨碍登陆作战的俄国舰队出动。在陆上，原定作战计划是主力在马山浦、釜山登陆——即确保朝鲜南部的计划，但随着海上作战取得成功，便将登陆地点变更为镇南浦、大孤山。

日本陆军作战的目标是，在俄军从本土获得增援之前，出动优秀兵力占领朝鲜、南满洲，将所在地敌军悉数俘获歼灭。对此，俄军的计划则是，一边凭借已有兵力与日军进行持久战，一边谋求战略后退，等待增援军队的到来，在哈尔滨附近进行决战。

海军的情况也是一样。日本虽然在与旅顺舰队的作战中取得了胜利，但是一旦出现失误，日本就会被增援的波罗的海舰队夺去制海权。如果波罗的海舰队赶在旅顺舰队健在前抵达的话，那么日本舰队将腹背受敌，胜算就会变得很渺茫。东乡平八郎所率的日本舰队无论如何都必须在不过早地损耗战力的前提下将旅顺舰队击灭。带有悲剧色彩的闭塞攻击和旅顺攻围战都是在这种情况下发生的。

君莫死

战争爆发时，石川啄木是个19岁的少年。2月10日，他在写给东京友人野村（胡堂）的信里，抒发了自己的爱国之情：

"是该热爱，还是该赞颂？日东诗美之国，未失去那滔天的霸气。我将埋葬所有的不幸，和这些单纯的爱国民众一起高唱军歌……我们为何如此热烈？不知道，唯有热血沸腾，双目燃烧。"

针对国民对战争如此狂热，《平民新闻》发出了警告：

"这样的胜利究竟能给你们带来什么？首先是几千万乃至几亿万公债的利息负担……其次是各项岁计的膨胀以及由此带来的苛重负担……再次是军国主义的跋扈和军备的扩张……战

争结束之日，你们的狂喜必将会变成悔恨。吾等今日可以毫不犹豫地这样断言。"

战争给民众带来了诸多困难：物价上涨、战时增税、赤字公债等。而一般民众的收入却并未增长（因为和平产业不景气，纺织业六昼夜休业，实施三至四成的生产限制，就连钟纺公司都是每周仅工作两天，西阵的失业者高达5000人）。

战争的悲惨对于士兵及其家人来说最甚。9月，被召集的预备兵达到20万人。他们不得不将家人舍弃在生活艰难的内地，远赴"国难"。报纸曾报道过这样一则悲惨的事件：熊本县有一位征召兵因担忧可能成为孤儿的孩子们的未来，便将他们刺死，之后自己跑到连队区司令部自首。

此外，战争本身也是连番苦战。在南山战斗（1904年5月24日，奥大将指挥下的第二军首次遭遇的真正阵地战）中，日军首次遭遇了机关枪。日军投入了所有炮弹和预备队，即使如此，仍是胜负难分，就在走投无路时俄军撤退了。防守的俄

日军进入旅顺

军有4000人，进攻的日军虽有3.6万人，但最后伤亡4500人，消耗的炮弹数量相当于整个日清战争的消耗量。

旅顺之战更加惨烈。4万俄军防守的这个要塞相当于6个塞瓦斯托波尔要塞，参谋本部乐观地预估一周内就能攻下来，于是敦促慎重进行攻城准备的乃木希典将军展开强袭作战（第一次是1904年8月19日，第二次是10月26日，第三次是11月26日）。但结果惨淡。围攻军中陆续有部队被全部消灭，在第一次总进攻损耗了三成兵力，伤亡1.6万人后，围攻军选择撤退。士兵们一听到"旅顺"便心有余悸，纷纷说道："补充兵是消耗兵，进攻喇叭是黄泉钟声。"

报纸从总攻发起前就开始报道——旅顺不日将陷落，之后又发行了十几次的陷落号外，但旅顺要塞依然健在。嘴碎的京城无赖不断嘀咕："一天支一天，旅顺过几天。"[①] 东京第一师团因为是围攻军的主力，从战场上归来的都是尸骨和惨不忍睹的负伤者。仅预备兵还不够，连后备役的老兵也被召上战场，车夫也尽是一些50岁出头的老人。

看着东京变成这样，政府也不禁动摇起来。然而，俄国波罗的海舰队出航的消息传来了，日军已无法放缓进攻的脚步（俄国为救援旅顺的太平洋舰队，用波罗的海的舰队组成了太平洋第二、第三舰队，进行史上空前的长途远征。司令官是罗

---

① 原文是"紺屋のあさって、旅顺のあと数日"，直译为"染坊推明后，旅顺延数日"。"紺屋"指染坊，过去受天气影响，常会出现推迟交货的情况，面对客人的催促时就会以"明后天就能染好了"为托词延迟交货，而这个约定通常也是靠不住的。此处"染坊"暗讽旅顺战场如同大染坊，令无数将士血染沙场，意在嘲讽日军作战不利。——编注

杰斯特文斯基中将）。日本决定将仅存的一支野战师团——全军总预备军第七师团投入旅顺战场，拆卸内地要塞的大炮搬运到旅顺，终于在1905年1月迎来了斯特萨尔司令官的开城投降。自东京成立旅顺陷落庆祝委员会以来，七个月过去了。

另一方面，大山军司令官、儿玉总参谋长率领的满洲军，为了抓捕并歼灭战略目标——俄国野战军，发动辽阳之战（1904年8月28日—1904年9月4日。日俄两军势均力敌的一次作战。俄军声称在这次战斗中的后退是计划之中，伦敦日本公债的价格下跌），占领了辽阳。尽管第一军果敢作战，但因兵力不足，库洛帕特金所率的俄军主力冲破包围，日军所期待的早期终战希望破灭。日军死伤2.4万人。由此，双方进入了胶着状态，不得不进行沙河、黑沟台的苦战。

辽阳战开始前，对和平的期待渐渐在士兵之间蔓延开来，民众也是一样。政府为了煽动战意，详细报道了战胜的细节，积极创造一些忠勇美谈。然而，"非战论"却悄悄地在士兵和民众之间传播开来。与谢野晶子的《君莫死》，就是民众心情的代言。在旅顺阵营，《平民新闻》、非战论的小册子也在被秘密传阅，震惊的陆军向内务省请求加大力度取缔社会主义。《平民新闻》自64号之后主动停刊。

精疲力竭

列宁曾说："旅顺口的陷落是进步而先进的亚洲给予反动欧洲的一记深重打击。"他接着说道："这是沙皇主义降服的序幕。虽然战争尚未终结，但接下来的战争正向着新的伟大战

奉天会战中败走的俄军

争——反专制政治的人民战争靠近。"

列宁的预言应验了。以"血色星期天"（1905年1月22日，在乔治·加邦神父的带领下，数万名劳动者来到冬宫广场向沙皇请愿，其中数百人遭到射杀）的惨剧为开端，俄国爆发了第一次革命。

日本以旅顺陷落为契机，投入了可动员的全部兵力，挑起决战，也就是1905年3月的奉天会战。10日，日军占领了奉天，但损失七万人，丧失了继续追击的余力，从而又没能消灭俄国野战军。至此，日本的战斗力已经达到了极限。满洲军出征后，统辖参谋本部的是山县有朋，他此时向政府递交了《征战两略概论》，指出：第一，俄军在本国土保留了强大的兵力，而日本则已经耗尽了所有兵力；第二，俄国不缺乏将校，而日本已失去了多名将校且没有补给的渠道。最后他得出结论：需确定国家之大政策，实际上是在请求讲和。

就第一点来说，俄国起初为防止国内革命不愿向远东增遣兵力，但考虑到接二连三的战败反而会促使革命运动的爆发，于是最终将大量兵力投入满洲战场。新到任的利涅维奇期待能够全歼日军。俄日双方在战争后期的兵力大约是3∶1，日军处于劣势。日军为了召集兵力，硬是把征兵的身高限制调低至1.47米，把后备役延长五年，国内警备则交给国民军。尽管如此，兵器的生产却已到达极限，都无法给国民军发放手枪。

第二点尤其严峻。某日，一位胡须全白的年迈大尉前来向山县有朋诀别。这位三宅大尉说道："我的孙女前天出嫁了，从此我再也没有后顾之忧，唯有干干净净地战死沙场以报国恩。"当时在场的长冈少将在日记中写道："这估计是最后一名中队长了。说什么要坚持战斗到最后一人、最后一钱，不杀进俄首都圣彼得堡绝不讲和，实际上只是逞口舌之快罢了。"

那时，波罗的海舰队正在驶向对马海峡。如果联合舰队（日本海军集结了全部可以作战的舰艇组成了联合舰队。司令长官为东乡平八郎，参谋长为加藤友三郎）战败，那么胜负局面将翻转，俄国的胜利将毋庸置疑。

然而，日本舰队是在英国刚建造完毕的新锐舰且每个舰种的数量也很均衡，与之相对，俄国舰队还是旧式舰居多，巡洋舰、驱逐舰数量不足。而且，长时间航海造成的疲劳、指挥官能力不济，还使得俄国舰队内部怨声载道。此外，由于舰身装满了煤炭，装甲沉没到水线以下，在海战当天的暴风雨天气里，哪怕是挨了一点炮弹都会浸水。5月27日，两国舰队狭路相逢，俄国舰队虽然顽强作战，但不到第二天，整个舰队38艘舰艇均遭受了致命打击。这次空前的败北印证了波罗的海舰队长途远征的艰辛。

日本海海战给俄国造成了重创。尽管陆军坚信能取得胜利，但由于在黑海发生了"波将金"号战舰叛变事件（1905年6月，在黑海舰队旗舰发生的水兵起义。战舰被移交到革命党人手里，革命党人用炮击来掩护爆发武装起义的敖德萨），为了镇压"国内敌人"，俄国迫切需要讲和。由沙皇主宰的军事会议得出的结论是恢复国内治安比取得胜利更紧要。而关于日本的情况，一家外文报纸写道："日本由于财政紧缺和兵力不足，无论对方给出什么条件都有必要终止战争。"这恐怕也是事实吧！

日俄战争尾声

日俄战争中，日本共动员了190万名士兵，其中死伤22.7万人，还有17万人因疾病倒下，支出军费20亿元。在如此巨大消耗的基础上，日本获得了"惨胜"。

《伦敦时报》认为日本战胜的原因在于"俄国不过是为晚餐而战，而日本却是为生存而战"。但事实有若干不同。日本是为了争夺在朝鲜的优先权而战，并不是因为固有领土即将受到侵犯而战，所以这不是一场防卫战。但当时的日本国民相信俄国侵略朝鲜势必会导致日本的殖民地化，所以参加了战争。

日本民众不情愿战争,但反战论者没能具体揭示日本的发展方向。

列宁在谈及俄军战败原因时列举了沙皇专制体制。他总结道:俄军司令官无能,将领不成熟,士兵蒙昧无知,不适合近代战;而日军兵士则受过义务教育,受到了在学校接受的忠君爱国思想的激励。法国观战武官这样褒奖日本:"日军的胜利是下级士官和士兵的功劳。"

然而,日本获胜的最大原因是沙皇体制孕育出了"国内敌人"。俄国的民众运动是决定性的因素。

1905年8月4日,俄国全权代表维特拜访了讲和的调停人——罗斯福总统,表明了"俄国虽然战败了但并没有屈服,所以无法接受失败者的条件"的立场。这与日本全权代表小村外相的要求(将自由处置朝鲜、俄军从满洲撤兵、租借辽东半岛、让渡南满洲铁路作为绝对必要条件,将赔款、割让桦太、获得沿海州渔业权作为附带条件)有很大距离。

谈判会议自8月10日在朴次茅斯召开。双方在军费赔偿和桦太问题上僵持不下,26日谈判面临崩裂。维特从宾馆接过账单,小村也做起了打道回府的准备,他向东京发报称"除了中断谈判已无其他选择"。日本政府也最终达成了共识——无论在军事上还是在财政上都已没有能力继续作战,所以训令小村放弃割地和赔款两个要求以求达成妥协。紧接着日本又获得了沙皇正在考虑割让桦太(库页岛)南部的情报,修正了对小村下的训令。29日,当小村向怀揣着汇报会议决裂电报文的维特表明让步的条件时,维特颇为意外,他从会场跃起并欢呼:"和平了! 日本全部让步了!"

迎来讲和

8月末,讲和条约签订的消息传到国内,日本全国异常悲愤。《万朝报》刊登了题为"降半旗迎接吧"的文章,《大阪朝日》写道"吾人羞于紧急通报此事(指讲和条件),现将御用报纸报道的讲和条件,不,是被称作'讲和条件'的内容登在左侧",并用黑边圈起,又在一篇题为"向天皇陛下请求撕毁和议"的社论写道"陛下的官员违背陛下的圣意,与陛下宣战之大诏背道而驰,损害了陛下与国民共同期待的帝国荣光",煽动继续作战。

在报纸的煽动下,国民也跟着动摇起来。9月5日,"讲和问题同志大会"不顾警视厅的禁止在东京日比谷召开。三万群众聚集于此,在做出撕毁屈辱条约、继续作战的决议后,又流向街头,除了袭击国民新闻社、内相官邸,还烧毁了2处警察署、9处分署、219处派出所、53家民宅、13座基督教堂、15辆市内电车。

尽管骚乱的真正原因是生活的贫苦与社会的动荡不安,但他们并没有将这种不满和苦痛升华为变革的意识,而是在右翼政治家的操控下东跑西窜,甚至犯下了以教会主张和平主义为由而将其烧毁的暴行。最终,桂首相向山县做了如下报告:"向来不良的家伙趁此机会诱导良民,既然事已至此,随着热度的消退人心也会一天天恢复。"

朝鲜成为保护国

11月15日,日本首都东京的骚乱终于告一段落。伊藤特派大使敦促韩国皇帝(朝鲜国王)立即签署保护条约。日本自开战以来就对朝鲜进行了军事占领,在这样的背景下,朝鲜"事实上已是我主权范围",但因讲和条约承认了日本指导、监理和保护朝鲜的权力,日本又立刻强迫朝鲜签订保护条约。皇帝与伊藤的对话如下:

"要是放弃一切外交形式的话,那么日韩(朝)关系就像奥匈关系一样,韩国(朝鲜)不就成为非洲那样的酋长国了吗?希望至少能够把外交委任的条款去掉。"

"外臣(伊藤)无法答应陛下的要求。此方案是帝国政府深思熟虑的结果,已经确定下来了,所以并不像陛下所希望的那样还有变更余地。"

这已经不是商谈了。当韩国皇帝表示想确认下国内民众的意愿时,伊藤认为"这是为了煽动国民以反抗日本",因此没有同意。17日的内阁会议以多数赞成表决通过保护条约,朝鲜正式成为保护国——议长兼总理韩圭卨一直处于失神状态(他坚决反对保护条约,为阻止签署,试图谒见皇帝,因情绪过于激动而不小心闯入王妃室内,惊愕过度而失了神)。对此,侍从武官长闵泳焕等大官陆续抗议并自杀,次年2月闵宗植,5月崔益铉、林炳瓒举兵,由此开始了之后持续数年的抗日义兵运动。

日本又将小村作为全权大使派去了清国。这是为了确定

大连满铁总部（创设时的建筑）

以南满洲铁路为中心的满洲特权。此前，日本为了博得列国的好感，一直宣称保全清国领土、机会均等，但现如今，小村主张"满洲在一定程度上是我势力范围，期待能够维护和伸张这一特权"。这一方针对于以日俄战争为巨大的资本积累源发展起来，正在实现垄断和集中的日本资产阶级来说，是个好消息。

然而，这势必会引起中国充满朝气的民族主义的反抗，同时也与英美在远东的利权相冲突，从而引发激烈的斗争。

日本就这样确立了在远东的帝国主义地位。

第二十一章　亚洲民族的觉醒

欧洲势力的入侵

15世纪末，葡萄牙船抵达印度后，欧洲列强侵略亚洲的历史开始了。葡萄牙人占领了澳门，西班牙人殖民了菲律宾，荷兰于1519年建设了巴达维亚市，将印度尼西亚殖民地化。英国在与法国以及土邦的战争中获胜后，于19世纪中叶征服了整个印度。此外，英国还先后进行三次缅甸战争，将缅甸据为己有，接着又将槟城、马六甲、新加坡、马来半岛置于控制之下。

在与英国的争斗中败下阵来的法国，向东扩张，将印度支那殖民地化。就这样，19世纪后半叶，从印度到东南亚的广大地域都已成为欧洲列国的殖民地。

东亚虽然没有沦为欧洲列强的殖民地，但中国成了半殖民地化国家。

初期抵抗

欧洲列国在重商主义时代、初期资本主义时代、产业资本主义时代、帝国主义时代，对殖民地的统治方式存在着差异。

重商主义时代的特色是，英国东印度公司在印度的达卡通过投资强行要求生产棉布，然后再以低廉的价格，偶尔也会采取掠夺的方式获得商品。

而在资本主义时代，殖民地成为本国资本主义发展所需原材料、粮食的产地和商品的输出市场。最后，本国的产业资本、金融资本大量流入殖民地。

令人心酸的事例有孟加拉因英国的鸦片种植而衰颓、荷兰在印尼推行强制栽培制度等，这些都十分有名。然而，榨取和压制不断得到强化的另一面，却是以本国为中心，"开发"的不断推进和统治机构的不断完善，殖民地民族觉醒的条件也被创造了出来。

面对欧洲势力的入侵，各民族并不是没有抵抗。入侵者在最开始便遭到了强烈的抵抗。早在 1521 年，先前提到的麦哲伦便是在和菲律宾居民的战斗中死去的。此后，菲律宾的反抗运动从未中断。

英国对印度的纳瓦布（地方总督）和土邦领主的抵抗感到棘手。1857—1859 年，始于印度佣兵暴动的大起义，一时间席卷了半个印度。

印度尼西亚也是暴动不断。其中，最有名的是从 1825 年开始持续数年与荷兰作战，给荷兰造成了重创的蒂博尼哥罗领导的农民起义（爪哇战争）。

蒂博尼哥罗（印度尼西亚的民族英雄）

初期传统社会的统治阶层和民众双方都在进行民族抵抗运动。虽然传统社会的统治者中也有顽强抵抗的人，但他们是为了维护自身的统治权力，一旦被欧洲势力利用，与欧洲势力达成妥协，在形式上的统治地位获得承认，他们就很容易屈服，甘愿充当傀儡。出现这样的情况之后，对欧洲势力的抵抗运动便多是以下层民众为主体。不过即便是在这种情况下，他们的领导者也多是旧统治阶层出身。爪哇战争的英雄蒂博尼哥罗是日惹王国苏丹的监护人，印度士兵起义也是封建地主和土邦领主掌握着领导权。所以说，正是因为初期抵抗是由生存直接受到威胁的统治者和民众发动的，所以才是激烈的，并作为此后民族解放运动的传统而被传承下去，具有重大历史意义。但它并未能催生出基于民族统一的国家建设理念。

然而，随着西欧殖民统治的不断推进，资本带来的"开发"、统治机构的完善以及为数不多的学校的设立等使得传统社会的基础结构发生了变质，抵抗运动也不再以单纯的攘夷或是回归王朝时期为目的，而是诞生了以民族解放和独立为目标的民族主义领导者。

大多数民族统一的起点和解放独立运动的发端，都是在具备以上条件的 19 世纪末至 20 世纪初。这一时期，亚洲大规模的独立运动高涨。

亚洲一体

开始觉醒的亚洲民族主义，其内在共通的人种结合要素，无疑是对白人压迫有色人种的反抗。

19 世纪末至 20 世纪初，埃塞俄比亚军击败意大利的侵略，南非布尔农民反抗英国侵略，中国的义和团奋起抵抗欧美势力入侵，催生殖民地民族觉醒的事件陆续发生。

日俄战争的结果给各民族带来了冲击性的影响，成为点燃民族运动的导火索。越南解放运动之父潘佩珠、孙文、尼赫鲁等人都曾回忆过当时所受的深刻感触。亚洲民族的目光聚集到日本，还发起了向日本学习运动，解放运动的志士和留学生纷纷前往日本，为了亚洲解放的事业希望得到日本的指导。在这样的背景下，"亚洲一体""亚洲人的亚洲"等口号响起，亚洲连带意识最初的萌芽出现了。

从当时的历史条件来看，实现民族统一、建立独立国家只能通过近代化，也就是资本主义化。而在亚洲唯有日本取得了成功，所以日本理所当然被当成了范本。

然而，在日俄战争中获胜的日本却以意图征服亚洲邻邦的帝国主义国家的面目登场。日本较好地吸收了欧洲近代文化，取得了顺应世界历史潮流的资本主义革命的成功，同时也习得了欧洲近代具有侵略性的一面以及以侵略为目标的恶劣手段。所以，日本所谓的"亚洲主义"不过是日本对于亚洲的统治，是亚洲各国向日本寻求的幻影。走向真正联合的道路还很漫长，亚洲各民族只能依靠自己的力量为自身解放而持续斗争。

印度的反英运动

1857年印度大起义后，英国将通过东印度公司实行的间接统治改为直接统治，完善和强化了统治机构。统治机构的完善和扩充使得录用印度人成为必要，对印度人进行最低限度的英语教育，使教育实现近代化也很必要。而完善的铁路网使得货币经济渗透进农村，城市经济结构也在悄然发生变化，从中逐渐诞生了新的印度社会阶层。当下级官吏、教员、律师等知识分子，中小地主和商人持续接受欧洲近代思想的洗礼时，在印度教和伊斯兰教两教徒中间出现了"大复兴"的呼声，酝酿出了对于传统的自觉。

19世纪末印度农村出现了严重的饥馑，印度教徒和伊斯兰教徒在这样的社会背景下，为探索印度的救济策略而分别集结起来。1885年，城市知识分子组织了印度国民会议。他们被形容为"显微镜式下的少数"。与向英国表示忠诚的他们相对，以印度教经典为依据、以下层民众为基础的运动在甘格达尔·提拉克、钱德拉·帕尔、拉杰普特·拉伊等人的领导下发展起来。他们反对西欧式会议，以传统为基础宣扬反抗外国统治，与前者温和派相对，他们被称为激进派。

进入20世纪以后，新任总督寇松强化帝国主义统治，招致了印度人民不满。1905年，英国为改善行政效率强行分割孟加拉，导致了反英运动的爆发。运动在激进派的领导下开始，随后温和派也加入了进来，再加上受到日俄战争的影响，最终发展成为一次狂热的运动。次年的国民会议年度大会决议通过了由提拉克主倡的"斯瓦拉吉"（自治）、"斯瓦德西"（自产）、抵制英货、民族教育的口号，印度民族运动迎来了第一波高潮。

民族主义的高涨也体现在了文艺方面，般吉姆·查特吉的《母亲，向你致敬》，向民众传达了对印度传统的歌颂。

在英国的镇压下，会议分裂为温和、激进两派，后者脱离了会议继续活动。激进派为后来继承了温和派的甘地抵抗运动和自治运动打下了基础。这一时期两派的活动成为日后印度民族运动的起点。

印尼的民族运动

镇压爪哇战争的1830年，就任东印度总督的范·登·波士推行了臭名昭著的强迫种植制度，强迫农民种植并供给砂糖、咖啡、烟草、蓼蓝和木棉等作物，强制非农民每年劳动66天。这一制度所带来的巨大收益使得荷兰的产业资本得到发展。

1870年，穆尔塔图里写作了小说《马格斯·哈弗拉尔》（穆尔塔图里是荷兰官员爱德华·道维斯·戴克尔的笔名。马格斯·哈弗拉尔是书中咖啡商人的名字。该书赤裸裸地描绘了荷兰统治下印尼的惨状,是作者的自传体验记),书中所描绘的印尼惨状引起舆论沸腾,荷兰由此废止了咖啡以外的强迫种植。然而,这不单是出于人道主义的关怀,还因为灌溉、道路等的完备使得资本主义大农场经营的条件具备了。19 世纪末,荷兰商业银行将咖啡、烟草的种植以及砂糖工厂置于统治之下,进入了金融资本时代。

进入 20 世纪以后,殖民者在 1903 年根据地方分权法设立地方议会,在 1917 年设立国民参议院。

伴随着殖民地行政机构的扩充,为了培养下级官僚和技术人员,印尼也面临着教育改革的迫切需求。其中的重大变化是,学校制度得到完善(尽管是最低限度的),印尼人进入大学学习的通道敞开了。就这样,民族解放和独立意识从接受了资产阶级民主主义思想的人们中间萌发了。

1908 年,日惹的爪哇医生 W. S. 胡索多成立了"至善社"(Budi Utomo),发起了倡导教育和农村社会改革、催生传统文化自觉的启蒙运动。这一运动在巴达维亚医科学校学生的支持下很快壮大,次年已经达到四百个支部、一万会员的规模。印尼有组织的民族运动由此开始。

除了知识分子的运动,为对抗华侨等外国商人的商业垄断,1912 年,爪哇贵族佐克罗阿米诺托成立了伊斯兰同盟。伊斯兰同盟得到了憎恨外国商人榨取行径的占印尼居民多数的伊斯兰教徒的支持,它广泛组织工人、农民等民众力量,急速发展起来。

越南的民族运动

"将越南人变成巴黎市民",这句话所折射出的法国对于印度支那的统治让人联想起"印度人的肉体,英国人的精神"的表述。两者作为殖民地统治者对于殖民地人民实行的同化政策,自然具有共通之处。然而,如果与英国在印度、荷兰在印尼的资本主义经营比较的话,法国对越南的同化政策更为直接。法国统治走向近代化是在一战末期,越南人开始接受高等教育也是在那个时期。

从 1862 年法国占领西贡起,由官僚所领导的被称为"勤王党"的义军就开始了针对法国的武力抵抗,他们旨在恢复王朝权力。潘佩珠从小耳濡目染,对勤王党抱有很深的好感。在义和团起义的消息持续触动年轻人的状况下,他为纠集勤王党和忧国人士而奔走于全国各地。1904 年,他拥立皇族疆柢成立了维新会(越南光复会的前身)。恰好此时传来了日军在旅顺、奉天战胜的消息,这场亚洲与欧洲、黄种人与白种人的斗争唤醒了沉睡的他们,使他们内心燃起了向法国复仇、复兴越南的热情。

他们虽然想要武力抵抗法国,但无奈武器不足。维新会派潘佩珠为代表前往日本寻求武器援助。1905 年,抵达日本的潘与梁启超等人会面,在目睹了日本社会之后,反省了"以武器为中心"的想法。于是,他撰写了《劝国民资助游学文》《海外血书》等小册子寄回故国,倡导"东游",即前往日本的游学运动。潘的呼吁在知识分子中间引起了很大反响,胡志明的父亲就因为散布《海外血书》而被撤销官职。由此，1907年有逾百名、次年有逾两百名的越南青年来到日本。考虑到当时的交通条件和法国的警戒之严，这实在是令人惊叹之举。这群留日学生结成了"新越南公宪会"，越南民族运动开始出现生机。为响应赴日留学生的呼吁，越南各地发生了拒绝纳税事件。1908年，反法运动蔓延到越南全境。

面对这样的动向，法国当局加强了镇压，一方面迫害留学生的家人，另一方面向日本政府要求追查疆柢和潘佩珠二人的下落。1907年，日本政府与法国签订了互相保证各自在亚洲的利权的《日法协定》，由此日本政府开始加强了对二人行踪的追查。尽管二人一直避开日本当局的视线开展活动，但还是在1909年间接到了离开的劝告，于是怀着对日本深深的失望离开了日本。

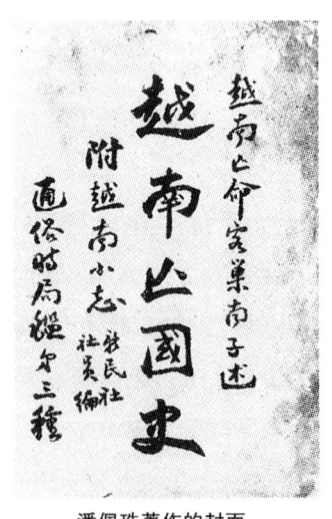

潘佩珠著作的封面

朝鲜的民族运动

上文提到，以日俄战争为契机，日本加快了对朝鲜的殖民地化进程，俄国根据《朴次茅斯条约》承认日本将朝鲜变成保护国，这一点也获得了国际上的承认。此外，伊藤博文胁迫朝鲜大臣签订了《第二次日韩协约》（《乙巳条约》），逼其同意日本设立统监府管理外交事务，由伊藤就任统监一职。朝鲜在事实上已成为日本的一部分。

这当然引发了朝鲜从宫廷至民众的广泛的反对运动，甚至发展为暗杀阁僚、烧毁官邸等暴动。1906年，在忠清南道洪州城，五百名士兵发动起义，在全罗南道、庆尚北道、江原道等地，义兵以"反对《日韩协约》""反对卖国内阁"为口号举行起义。此外，宪政研究会、大韩俱乐部、大韩自强会、大韩协会纷纷成立，知识分子也开始了有组织的抵抗。他们以共和主义为基调、以民众为基础、以抗日为目的团结合作，出版了《大韩历史》《大韩地志》《越南亡国史》《法国革命史》等书籍，致力于促进民族意识的觉醒。

1907年，朝鲜高宗派密使前去海牙第二次和平会议，意图借助外国援助向日本施压，但日本却以此为借口加紧压迫，逼迫高宗退位，签订《第三次日韩协约》（《丁未七条约》），剥夺朝鲜内政权，强行解散朝鲜军队。1909—1910年，司法权和警察事务也相继被强制移交到日本手里。尽管这已经与事实上的合并无异，但1910年8月，寺内正毅还是在戒严的汉城与朝鲜总理大臣李完用签订了《日韩合并条约》，否认了朝鲜名义上的独立，将朝鲜编入日本帝国领土。

朝鲜高宗（李太王）

日本的强制行径加剧了朝鲜人民的反抗。反抗者包括两班层、知识分子、军队等，各种力量以不同形式进行着反抗。

1909年，伊藤博文在哈尔滨车站遭安重根暗杀，同年，李用完遇袭并负重伤，反日风潮席卷全国。在这两年前的8月1日，反对解散军队的侍卫第一联队第一大队长朴性焕在接到解散敕命后，因过于悲愤而用手枪自杀。得知这一消息后，整个大队抢夺弹药，发动了起义。起义波及全国，脱营的士兵和地方民众联合起来，展开了游击战。在鼎盛期的1908年，估计义兵人数达到了七万，日军为此疲于奔命。

武装抵抗在日韩合并后也依然持续，一些人为躲避日本的镇压而选择据守满洲，并以此为根据地继续开展活动。这一时期的武装抵抗力量在两班层的领导之下，与民众联合，被称为"义军"。虽然他们没有从以复兴旧王朝为目的、带有保守色彩的排外运动中剥离出来，但却在抗日武装的历史上留下了很深的印记。

中国的民族运动

义和团运动后,不得不硬着头皮采取近代化政策的清朝于1901年颁布了变法上谕。虽然较为迟缓,但还是自上而下开始了近代化的进程。

通过废除一千多年来的科举制度(1905年)、开办近代学校,以及海外留学活动,那些束缚青年学生的儒教思想开始被欧洲的近代思想所取代。奖励实业掀起了空前的创业潮,民族资本开始成长。

在这样的环境中,新的民族意识逐渐形成。

义和团运动后,俄国占领满洲,展现了其露骨的侵略意图,这时由在日留学生组成的"拒俄义勇军"就是一个早期的表现。在传统思想遗产的基础上吸收了西洋思想的陈天华、邹容等人的著作俘获了青年人的心,成为热门读物,义和团的民族主义也被批判地继承了下来。

陈天华

此时，朝野对作为近代化的模范的日本日益关注，赴日留学生逐年增加。此外，在本土遭到严厉追查的各民族主义团体的众多领导者也逃亡日本，对留学生造成很大影响，由此日本成为这些运动的根据地。他们分为主张立宪君主制的变法派和主张推翻清朝的革命派，日俄战争对两派人均造成了很大影响。

创业风潮和民族资本成长，接受民权共和思想的青年知识分子辈出，以此为背景发展起来的民族主义被日俄战争点燃了。1905 年，中国因反对美国《排华法案》而爆发了抵制美货的运动，还爆发了回收外国控制的铁路、煤厂和矿山，将其交给中国人经营的运动，即利权回收运动。

1908 年，日本政府针对因武器走私而被中国质押的"第二辰丸"号所采取的高压做法引发了中国的抵制日货运动，给日本带来了很大冲击。在利权回收、抵制运动等活动中表现积极的是变法派。

革命派于 1905 年抓住孙文从欧洲回到日本的机会，将兴中会等以革命为目的的结社重组为中国革命同盟会。同盟会以"驱除鞑虏，恢复中华，建立民国，平均地权"（这是最初的"三民主义"）为口号，并通过机关报《民报》进行宣传。对此，梁启超所领导的变法派则主张实行在清朝皇帝统治下的君主立宪制，并通过《新民丛报》进行宣传。

只盯着华利权的日本政府想要卖给清朝恩情，便按照清政府的请求制定了清国留学生管理规则，加强了监督，并将孙文等革命派驱赶到国外，进而辜负了他们对日本的一番好感和期待。

　　透过日俄战争后日本的朝鲜政策，慧眼的中国知识分子已经看穿了日本的真实意图。"居今日而欲与日本同盟，是欲作朝鲜也；居今日而欲与日本相离，是欲亡东亚也。"这是1905年末在日本大森海湾蹈海自杀的陈天华在《绝命书》中写下的句子。日本帝国主义的登场致使亚洲的民族主义被一撕为二，陈天华的自杀正是基于这样的认识。亚洲各民族真正的联合只能从被压迫民族的立场来寻求，这是其悲痛的呐喊！

关系年表

纪元	日本年号	中国年号	日本	中国	参考
1486年	文明十八年	成化二十二年	—	—	迪亚士到达非洲好望角
1492年	明应元年	弘治五年	—	—	哥伦布第一次航海,发现部分西印度群岛
1498年	明应七年	弘治十一年	—	—	瓦斯科·达·伽马到达卡利卡特
1516年	永正十三年	正德十一年	—	葡萄牙人首次来航中国	—
1521年	大永元年	正德十六年	—	—	麦哲伦在菲律宾被杀
1543年	天文十二年	嘉靖二十二年	葡萄牙人到达种子岛,传来铁炮	—	—
1549年	天文十八年	嘉靖二十八年	沙勿略来到鹿儿岛	—	—
1587年	天正十五年	万历十五年	丰臣秀吉严禁天主教,驱逐传教士	—	—
1600年	庆长五年	万历二十八年	"利夫德"号来航	—	英国东印度公司成立
1602年	庆长七年	万历三十年	—	—	荷兰东印度公司成立
1604年	庆长九年	万历三十二年	德川家康创设"丝割符"制度	—	—

续表

纪元	日本年号	中国年号	日本	中国	参考
1609年	庆长十四年	万历三十七年	岛津氏将琉球作为保护国。荷兰在平户开设商馆	—	—
1613年	庆长十八年	万历四十一年	英国在平户开设商馆	—	—
1623年	元和九年	天启三年	英国关闭平户商馆	—	—
1624年	宽永元年	天启四年	—	荷兰人在台湾修建"热兰遮城"	—
1631年	宽永八年	崇祯四年	江户、大阪商人加入"丝割符"	—	—
1635年	宽永十二年	崇祯八年	限定对外贸易只能在长崎进行	—	—
1636年	宽永十三年	崇祯九年	"出岛"竣工，转移葡萄牙人至"出岛"	—	—
1639年	宽永十六年	崇祯十二年	禁止葡萄牙人贸易	—	—
1641年	宽永十八年	崇祯十四年	转移荷兰商馆至"出岛"	—	—
1659年	万治二年	顺治十六年	—	—	—
1661年	宽文元年	顺治十八年	—	颁布"迁海令"	—
1683年	天和三年	康熙二十二年	—	解除"迁海令"	—
1685年	贞享二年	康熙二十四年	限制长崎贸易	许可海外贸易	—
1689年	元禄二年	康熙二十八年	设立"唐人屋敷"，安置清国人	—	海外传教会在巴黎成立

续表

纪元	日本年号	中国年号	日本	中国	参考
1715年	正德五年	康熙五十四年	修订长崎贸易额度（正德新例）	—	—
1717年	享保二年	康熙五十六年	—	禁止出海至菲律宾、爪哇	—
1727年	享保十二年	雍正五年	—	禁止海外之人回国	—
1756年	宝历六年	乾隆二十一年	—	—	爆发七年战争（1756—1763年）
1757年	宝历七年	乾隆二十二年	—	将对外贸易限定于广州一处	—
1765年	明和二年	乾隆三十年	—	—	英国东印度公司获得孟加拉的地租征收权（"迪瓦尼"）
1774年	安永三年	乾隆三十九年	杉田玄白等人译成《解体新书》	—	—
1775年	安永四年	乾隆四十年	—	—	美国独立战争爆发（1775—1783年）
1778年	安永七年	乾隆四十三年	俄国人抵达虾夷，要求通商	—	—
1785年	天明五年	乾隆五十年	—	—	俄美公司成立
1793年	宽政五年	乾隆五十八年	—	白莲教起义	—
1799年	宽政十一年	嘉庆四年	—	—	俄美公司成为特许公司
1802年	享和二年	嘉庆七年	—	阮福映成立阮朝	—
1804年	文化元年	嘉庆九年	列扎诺夫来到长崎要求通商	—	—

续表

纪元	日本年号	中国年号	日本	中国	参考
1813年	文化十年	嘉庆十八年	—	—	开放印度自由贸易（英国东印度公司的垄断权取消）
1823年	文政六年	道光三年	西博尔德来到长崎（1823—1829年）	—	—
1825年	文政八年	道光五年	—	—	爪哇战争爆发
1826年	文政九年	道光六年	—	广州贸易出现逆差，白银开始外流	—
1834年	天保五年	道光十四年	—	英国东印度公司对中国的贸易垄断取消	—
1838年	天保九年	道光十八年	—	黄爵滋上书奏请禁绝鸦片	—
1839年	天保十年	道光十九年	—	林则徐作为钦差大臣赴任广州	—
1840年	天保十一年	道光二十年	—	—	英国议会同意出兵中国
1841年	天保十二年	道光二十一年	—	签署《川鼻条约》，中英双方均不承认。5月底，"平英团"袭击驻扎在三元里的英军	—
1842年	天保十三年	道光二十二年	—	签署《南京条约》	—

续表

纪元	日本年号	中国年号	日本	中国	参考
1844年	弘化元年	道光二十四年	—	签署《望厦条约》《黄埔条约》	—
1847年	弘化四年	道光二十七年	—	容闳赴美留学	—
1851年	嘉永四年	咸丰元年	滨田彦藏等人登陆旧金山	洪秀全成立太平天国（1851年1月11日）	—
1853年	嘉永六年	咸丰三年	佩里率舰队来到浦贺	太平军定都南京，改名"天京"	—
1854年	安政元年	咸丰四年	与美国签订《日美和亲条约》	—	克里米亚战争爆发（1854—1856年）
1856年	安政三年	咸丰六年	—	太平天国发生内讧。"亚罗"号事件爆发	—
1857年	安政四年	咸丰七年	—	—	印度民族大起义（1857—1859年）
1858年	安政五年	咸丰八年	与美、荷、俄、英、法签署通商条约	与俄国签订《瑷珲条约》，与英、美、法、俄签订《天津条约》。法国、西班牙共同出兵越南	—
1860年	万延元年	咸丰十年	新见正兴等人为批准、交换《日美友好通商条约》前往美国	太平军向江南平原地区进军。与英、法、俄签订《北京条约》	—

续表

纪元	日本年号	中国年号	日本	中国	参考
1861年	文久元年	咸丰十一年	—	设立总理衙门,同文馆。曾国藩攻占安庆。西太后与亲王铲除保守派后外派,执掌政权	美国南北战争爆发（1861—1865年）
1862年	文久二年	同治元年	榎本武扬留学荷兰	李鸿章率准军登陆上海。法国、西班牙与越南签订条约,法国占领交趾支那。陕西省爆发回民动乱	—
1864年	元治元年	同治三年	—	洪秀全自杀,天京陷落	—
1867年	庆应三年	同治六年	幕府将军"大政奉还"	—	—
1868年	明治元年	同治七年	向各国公使宣告"王政复古"	—	—
1870年	明治三年	同治九年	—	发生天津事件	普法战争爆发
1871年	明治四年	同治十年	缔结《日清友好通商条约》。漂流到台湾的琉球民遭杀害	—	—
1872年	明治五年	同治十一年	在琉球设"藩"	派留学生赴美	—
1873年	明治六年	同治十二年	—	皇帝首次允许外国公使谒见	—
1874年	明治七年	同治十三年	出兵台湾	法国与越南签署《西贡条约》,承认越南独立	—

续表

纪元	日本年号	中国年号	日本	中国	参考
1875年	明治八年	光绪元年	江华岛事件爆发	马嘉理事件爆发,首次向国外派驻公使	—
1876年	明治九年	光绪二年	签订《江华条约》	签订《芝罘条约》(《烟台条约》)	—
1877年	明治十年	光绪三年	—	阿古柏自杀	—
1879年	明治十二年	光绪五年	格兰特居中调停琉球问题	崇厚与俄国签订《里瓦几亚条约》	—
1881年	明治十四年	光绪七年	—	曾纪泽与俄国签订《圣彼得堡条约》	—
1882年	明治十五年	光绪八年	朝鲜发生壬午事件	—	—
1883年	明治十六年	光绪九年	—	法国通过《顺化条约》,变越南为保护国	第二任茹费理内阁成立
1884年	明治十七年	光绪十年	朝鲜发生甲申事件	清法开战。李鸿章与福禄诺签订《李福协定》。孤拔舰队击灭马尾中国舰船	—
1885年	明治十八年	光绪十一年	—	法军在谅山败北,李鸿章与巴德诺签订条约,清法战争结束	—
1890年	明治二十三年	光绪十六年	旅顺军港建成	—	—

续表

纪元	日本年号	中国年号	日本	中国	参考
1892年	明治二十五年	光绪十八年	—	孙文从香港医学校毕业	—
1894年	明治二十七年	光绪二十年	金玉均在上海被杀。东学党起义。日清开战	孙文在广州组织兴中会，接着又在夏威夷成立兴中会	—
1895年	明治二十八年	光绪二十一年	签署《马关条约》，三国介入干涉。闵妃被杀。返还辽东半岛	康有为"公车上书"。俄法借款	—
1896年	明治二十九年	光绪二十二年	朝鲜国王逃至俄国公使馆。签署《山县－罗巴诺夫协定》	英德借款。清俄密约。康有为成立"强学会"。孙文被伦敦中国公使馆绑架	意大利在与埃塞俄比亚的战争中失败，承认其独立（3月）
1897年	明治三十年	光绪二十三年	—	孙文由伦敦来到日本。德国占领胶州湾	—
1898年	明治三十一年	光绪二十四年	梁启超、康有为逃亡日本，成立"保皇会"	德国租借胶州湾。俄国租借辽东半岛。康有为成立"保国会"。光绪帝召见康有为，开始实施新政。英国租借威海卫。西太后策划政变，新政失败。法国租借广州湾	—
1899年	明治三十二年	光绪二十五年	康有为前往夏威夷，加拿大，成立"保皇会"。梁启超前往夏威夷	发生"平原事件"。山东巡抚毓贤被免职，由袁世凯替任	南非爆发"布尔战争"（1899—1902年）

续表

纪元	日本年号	中国年号	日本	中国	参考
1900年	明治三十三年	光绪二十六年	日本中止厦门占领计划	联军占领大沽炮台。6月19日中国宣战。8月14日联军占领北京。自立军举兵失败。孙文惠州举兵失败。9月7日，签署《北京议定书》(《辛丑条约》)	—
1901年	明治三十四年	光绪二十七年	—	—	—
1902年	明治三十五年	光绪二十八年	1月30日，结成日英同盟	—	—
1904年	明治三十七年	光绪三十年	2月10日，向俄国宣战	—	—
1905年	明治三十八年	光绪三十一年	1月1日旅顺开城。3月10日占领奉天。5月27日日本海海战。8月10日召开朴茨茅斯媾和会议。9月5日签订《朴茨茅斯和约》。日比谷发生烧打事件。11月17日通过《第二次日韩协约》(《乙巳条约》)，将朝鲜变成保护国。12月22日签订关于满洲的条约	5月10日爆发抵制美货运动。8月20日中国革命同盟会成立。9月2日废除科举制度。12月8日陈天华在日本大森海岸投海自杀	4月潘佩珠等人前往日本

续表

纪元	日本年号	中国年号	日本	中国	参考
1907年	明治四十年	光绪三十三年	6月日法签署协约。7月日俄签署协约,发动对解散军队,朝鲜反对解散军队对日游击战	—	—
1908年	明治四十一年	光绪三十四年	—	2月5日发生"二辰丸事件"。3月15日爆发抵制日货运动。11月14日光绪帝离世。11月15日西太后离世	—
1909年	明治四十二年	宣统元年	10月26日伊藤博文在哈尔滨车站被安重根刺杀	1月2日袁世凯被罢免	越南的阮疆柢等人被驱逐出日本
1910年	明治四十三年	宣统二年	8月22日签订《日韩合并条约》	—	—

解　说

坂野良吉

本书是《中国文明的历史》全12卷中的第10卷，讲述了以鸦片战争为开端，历经日清、日俄战争，最终走向辛亥革命前夕这一段时期的中国的历史。在中国研究领域，鸦片战争作为转折点，被视为中国近代的开端。因此可以说，这一时期是中国近代的前期。本书将这一时代的内容整合在"东亚的开国"这一题目下进行叙述，与其他各卷相比，可能给读者带去的印象稍稍有些不同。下面我将从对这一点的说明开始谈起。

关于这一点，作者（波多野善大）也在"绪言"中写道，"之前各卷均讲述了以中国为中心的历史发展"，而"从这卷起……与欧美各国的关系变成了亚洲各国的重要课题"。也就是说，作者认为在与近代欧美接触之下，东亚整体发生了历史性转变，并将此作为一个重要的课题。这无非是在揭示：东亚与起源于西欧的近代资本主义文明之间的交流是发生这一历史变化的重要契机。可以说本书旨在说明这样一个事实：近现代中国是在中国传统社会浴火重生的过程中诞生的。

接下来再就作者在"绪言"里阐述的历史观做一点简要说明。19世纪末，出现在西欧一角的资本主义文明向东绕行经印度到达中国、日本，最终形成了所谓的世界体系，而象征着这一文明抵达东亚的事件是"开国"。在那之前的东亚各国实行对外界自我封闭（锁国）式的文明经营，而欧美各国强迫这些国家签订条约就是"开国"。他们所提出的门户开放要求，对于当时东亚各国而言，仅仅是"强制"罢了。在应对"开国"这个外在压力的过程中，东亚各国分别以自己的立场和节奏加入了形成世界体系的近代世界中。这是作者在书中所表达的观点。

本书的刊行是在1967年，当时在日本出现了历史热。中央公论社、河出书房、筑摩书房相继出版了各自的《世界的历史》，均博得了相当好评。20世纪60年代，日本发生了《日美安保条约》修订问题，接着又进入经济高速增长期，在海外，越南战争正式爆发，中国爆发了"文化大革命"等，日本民众开始广泛感知到战后的这些变化，注意力也由此转向了历史领域。《东洋的历史》丛书就是在这样的背景下发行的，相信作者也敏锐察觉到了民众的期待，从而想给近现代中国一个崭新的定位。

下面再补充说明一下贯穿全书的可以称作主题的东西。

这就是对今天被我们称为"中华秩序"（以曾在东亚范围内居统治地位的中国为中心）的国际秩序的变化和解体，再近代化重组的展望问题。此前以实际存在的中国为中心的统一秩序，自19世纪后半期起，因欧美势力而首先从周边遭到蚕食，进而连中国自身也陷入被瓜分的危机。在这样的背景下，中国传统的国家观念开始从根部发生动摇。这是关于中国民族主义的探讨，在今天已然成为一种热潮。因此可以说，作者在这一点上的认识是相当领先的。针对这个主题，作者虽没有在文中做特别说明，但它却是隐藏在本书中的一条重要思想脉络。

再来谈谈贯穿全书的前提观点。就是说，作者认为东亚，特别是中国在面对近代西欧时是"非理性"的。这一点作者在相当于绪论的"东亚世界与欧洲世界"一章中已经进行了总结。这与认为开国之际，与最先进行改革和重生的日本相比，中国是"落后"的这一观点也是相通的。由此看来，作者以近代西欧为价值标准看待中国近代的态度非常鲜明。

在本书成书之时，史学界的主流做法是将中国近现代史作为反对帝国主义的民族解放革命加以论述。对于中国通过反帝革命克服了停滞和落后性进而实现民主化的观点基本上深信无疑。在这种革命史全盛的背景下，本书将近代中国置于世界史的视域中，并深入东亚地壳变动的内部，直视潜在其中的"落后性"，的确是非常与众不同。也正因为这一出彩之处，如后所述，作者的客观主义理性史观在当时难免受到严厉的批判。

然而，本书出版30余年后，东西方冷战迎来终结，苏联解体，曾经的反帝国主义运动也已成为遥远的过去。另一方面，在中国，作为革命象征的毛泽东去世后，政策重点也由持续革命向改革开放和现代化转变。与此同时，曾经的受压迫、欠发达的国家形象也焕然一新。众所周知，作为"帝国主义统治"遗留物的香港和澳门也先后回归中国。这一现实的变化基本上使得日本对于近代中国历史的认知发生了彻底的扭转，可以说作者的历史观在今天已成为广泛共识。

在这 30 余年间，曾对革命中国之声音产生共鸣的研究已经成为过去，取而代之，以生动的中国为对象的多样化实证研究有了丰富的积累。借助这些成果，人们可以对本书所涉及的历史时期形成更加细致的理解，也可以找到以往被忽略的视角。带着这样的意识，我谨将这 30 余年来的研究趋势介绍一二。

鸦片战争与中国社会

本书的正文由鸦片战争开始，而陈舜臣的知名著作《鸦片战争》（讲谈社）的出版也是在同一年。作者在自己著作出版的热度还未散去之前，又将陈氏的三部曲捧读了起来。在中卷《风云篇》用熟石灰销毁鸦片的场景里有这样一段描述，与林则徐有共鸣的新兴商人连维材说道"这场硝烟不是戏剧的终结，而是戏剧开幕的信号"，不禁令人有一种紧张感。在本书中，作者列出了各种试图"打破广州体制"的势力的想法，使人们预感到前途不明的正是这一事件。

林则徐绞尽脑汁想出来的战术让英军很是苦恼。但这场战争还是以中国战败收尾，并且成为中国走向持续战败的重要一步。至于中国为什么战败，历来普遍认为，这是传统中国对近代英国的战败。然而，1980 年以后，法国汉学家玛丽格莱尔·白吉尔提出了一个新的观点。她在英文论文《论中国落后性的历史起源》（1984 年）中将鸦片战争前的中国社会描写为由技术改良积累所支撑的农业生产力很高，农村家庭手工业作为农业的补充也广泛开展，农村市场网络遍布全国各地的成熟社会。这一成熟社会养活了世界上首屈一指的庞大人口。进而，她又试图从东西方文明的本质差异来说明鸦片战争战败的原因。就这一点我稍稍多谈一下，她指出了中国经济的成长是不内含资本主义发展的类型，在此基础上，进入 19 世纪后，经济成长开始出现坏兆头，中国人口却依然在持续增长，致使至今为止积累的财富被坐吃山空，而正在这时与英国又发生了冲突。像这样不同于社会发展滞后性的因果分析方法很有意思。

围绕以鸦片战争为开端的西欧资本主义入侵前后的中国社会，还产生了一些视角稍稍有所不同、评价其内在动力学的研究成果，也值得我们关注。即，中国以遍布各地农村的贸易网为基础，在全国范围内形成了流通圈，以此为舞台商业资本得到了成长，其间积累了各种贸易技巧。新的研究方向就是从这一角度进行评价。鸦片战争之后，所谓的"买办商人"发展壮大，他们在西欧资本主义新加入中国市场之际，将中国原有的商业网与新的贸易关系连接起来。买办商人在过去一直都是以负面形象而存在，但在今天却被当作向民族资本转变的要素得到重新评价。

反过来，取得胜利的英国乃至西欧的近代化，作者承认了其中的普遍性，这一点前面已经讲过。但今天，近代西欧强大的反面——其带有的危险性也开始出现种种明显的迹象。即是说，西欧近代社会在将自身的社会原理正当化的过程中，以军事科学突出的形象彰显了自我。依仗突出的军事力量，为世界体系的形成而疾走的资本主义文明所表现出的急躁以及非宽容性，在开国之际引来了诸多误解和偏见。这方面的事例在本书中也随处可见，对资本主义文明这一面的考察在今后将愈发重要。最近，欧美社会也开始了对近代世界史像的省察。美国汉学家 P. A. 柯文提供了一个新的视角，对以西欧近代、资本主义文明为绝对基准的历史评价进行了反省，这就是《知识帝国主义》一书（佐藤慎一译，平凡社，1988年）。

中日开国对比论

中日两国不仅在地理上是一衣带水的邻邦，还拥有悠久的交流历史，特别是近代以来，在西欧近代化的冲击下，两国之间的关系充满了曲折。日清战争意想不到的失败，使得中国人对日本的关注度一下子提升，留学生纷纷拥向日本。而日俄战争中日本的胜利给中国乃至亚洲各地带来了民族和国家复兴的希望。梁启超和孙文正是在日本受到了思想熏陶，孙文等人在东京以辛亥革命为目的成立了中国同盟会，这些正文中都已谈到。出于对上述两国关系的关切，本书随处可见作者在中国近代和日本近代之间进行对比。

中日对比论应该是本书最为吸引读者兴趣的一点。比如关于《日美友好通商条约》（1858年），作者就突出强调了该条约并没有像中国那样，将贸易的关税一律定为5%，而是根据不同的商品种类设置了差异，此外条约中还加入了禁止鸦片输入的规定等。作为对这一差异的解释，作者指出，日本的交涉对象为美国，并且特使哈里斯是虔诚的基督徒，等等。这是在外压面前应对流畅的日本和应对生硬的中国的对比。同时，作者还指出，日本与中国不同，虽然是处在严厉的锁国体制下，但无论是公家还是个人都对世界形势保持了高度的关注。

日本为何能够率先实现近代化转型？这是长期以来国内外所关心的课题。但是，大部分人的关注点往往都集中在成功路径上，更为全面的评价很是必要。

如果阅读日本近代史学者芝原拓自的《日本的历史　二三　开国》（小学馆，1975年）、《世界史中的明治维新》（岩波新书，1977年）等著作的话，就会忍不住为近代日本所处的内外炽烈环境捏一把冷汗。残酷外压使得德川幕府拼尽全力应对，却依然漏洞百出，从而走向政权坍塌，诸侯联合起来拥立天皇，接着又在西南战争中消灭了维新元勋西乡隆盛，进而出现了各种改革路线的激烈较量。正如有说法称，日本在与外压威胁反复周旋之前，已经形成了以向东亚各国扩张为国策的政策性共识，这时期的日本简直是在连续转变。

关于日本开国的"奇迹"，也有一些研究稍稍不同。美国经济学家保罗·巴兰在指出了日本贫困、资源稀缺的同时，还举例说明差不多已经瓜分完殖民地的欧美各国也在相互嫉妒和牵制（《成长的经济学》，浅野荣一等译，东洋经济新报社，1960年）。此外，他还指出，在明治时期，日本所面对的外压相对缓和，使得日本对西欧近代文明并没有怀有敌意，而是以之为师，专心摸索对抗外压的方案。这一论述在当时令我感到很是吃惊，但这是一个极其冷静的观察，给我留下了深刻的印象。但是不管怎么说，面对短周期内陆续到来的危机，明治时期日本的领导层曾煞费苦心地周旋是个不争的事实。

在同一时期（1860—1890年）的中国发生了被称为"洋务运动"的改革运动。但在应对外压这一点上，可以说中国还是不够机敏。明治维新研究的第一人——远山茂树曾做以下推论，此时期来自欧美的外压短暂缓和，从中产生了维新变法的机会。这一时期，虽然列强对中国周边地区的侵略不断，但对于中国来说，和日清战争战败后比起来，确实在某些方面是个相对平稳期。不可否认的是，在这一大好时机当中，中国对于外压的危机感以及吸收近代体制的政策力度还是不够的。众所周知，这一时期中国广泛主张"中体西用"论，即主张继续保持中国的传统作为文化的根本，学习西欧科学技术的长处。这种对于近代西欧文明的保留态度，导致了近代化的迟缓。但是，"中体西用"论也是东洋社会接受近代文明的多样化类型之一，我们有必要灵活看待它。

对中国近代前期历史展开的思考

本书所讨论的时期，按人物来说，是从李鸿章到康有为、再到孙文的时代。这一时期向来都被归纳为从"洋务（运动）"到"变法"再到"革命"的阶段。李鸿章等洋务派，一方面镇压以太平天国为首的民众反抗运动，一方面引进西欧的科学技术以图对抗外压、实现自强，被看作奉行"改良主义"。康有为等变法派向着传统体制改革一步步迈进，固执于立宪君主制，而孙文则希望建立资产阶级共和制。

总之，过去的通说是以革命为价值评判标准的"阶段论"，但这自身就有许多矛盾之处。比如，上述三人在追求洋务上是共通的。在外压和内政的纠葛日渐加深的环境下，为了洋务而进行变法式改革变得不可避免，而作为对清廷中心进行集权改革的抗争，废弃王政的革命又兴起了。也就是，与其说三者是"阶段论"，不如说是内外环境差异所导致的应对差异。在之前的通说中，他们被硬生生地塞到以革命为基准的"阶段论"框架内，进而衍生出从官绅地主到中小地主、乡绅再到资产阶级势力等稍许牵强的阶级划分。这一学说的僵硬性逐渐显现。

然而，20世纪70年代后半叶，随着毛泽东的去世，中国社会、文化迎来了急速转型期。如前所述，从持续革命走向现代化和改革开放，国家和党的政策路线发生了180度转变。市场经济和竞争原理开始得到鼓励，对外的国家权益也受到了重视。在历史学领域，统称为"实事求是"的客观实证主义开始占据统治地位。在这样的变化下，重新审视以往的革命史观和公式化的阶段论变得不可避免。

受这个趋势的影响，首先，日本的沟口雄三开始对以往的历史学方法进行批判性的研究。沟口提出了一个具有冲击性的问题："近代中国形象有无歪曲？"（《历史与社会》第2号，1983年）。他在批判上述政治性历史评价的同时，也开始重新评价李鸿章、张之洞等洋务派。此外，他还以康有为为参照，对孙文做出一番展望，提出比起革命派的"飞跃论"，基于中国社会现实的"改革论"的重要性更应得到正当评价。

另一方面，在中国，对当时改革开放路线的历史渊源——洋务运动进行重新审视的势头高涨，之前给洋务运动扣上的"封建的""买办的"等政治评价被撤回。尤其是，李鸿章政治被给予了肯定的评价。除了提升生产力，李鸿章在唤醒外交上的国权主义（中国民族主义）方面的作用也得到了肯定。如此，国家政策重心的变化直接反映到历史评价上，这很好地体现了中国的国情。

针对李鸿章时期的国权主义倾斜，日本的铃木智夫进行了非常好的分析。铃木将之作为超越李鸿章政治的动向进行了研究（《中国国权主义外交论的建立》，《历史学研究》第404号，1974年）。其中，从琉球处分问题、台湾问题以及朝鲜问题上，可以看出传统中国在向着以军事力量为后盾的政治方向缓慢转变。在朝鲜问题上，中国（清帝国）对抗日本以及向朝鲜派出淮军和北洋舰队的过程，是在行使对朝鲜的宗主权，同时也表明了中国向新的国权外交转变。

再把话题转回到康有为、孙文等人身上。上文提到，他们的"新"与其说是源于他们的思想和视野本身，倒不如说是由于所处历史环境已大不同。进一步说，日清战争意想不到的战败结果，致使外患蜂拥而至，在国家主权以及中华世界秩序陷入危机的背景下，康、孙等人的变革思想引起了瞩目，但其实质只是对于顺应西欧近代化的日本模式的选择。结果上他们是否脱离了中国传统呢？康有为为了推行维新变法只能指望开明的光绪帝，孙文也在将王政改为共和制之后，需要被称为"训政"的专政。像这样，中国社会的传统也深深地投射在他们自己身上。这一点是不能忽视的。

东亚国际关系的结构变化

上文指出，东亚的中华国际秩序解体和重构这一视角在当时是具有卓越先见性的。在这30余年的历史研究中，从这一视角出发所描绘的中国近代史像变得极为常见，与此同时，可以说对这种视角的重新审视也有了一定进展。

东亚的中华国际秩序就是中国本部，周边藩部（蒙古、西藏、回部等），乃至外缘的越南、缅甸、朝鲜、琉球等"属国"的所谓"三重构造"，被称为册封关系或者朝贡贸易关系。近代以来，中国（清帝国）被英国、法国、俄国，乃至日本切断了与外缘各国的关系，周边遭到列强的蚕食，被迫割让香港、台湾，甚至被迫租借了国内的要地，中国各地被划分为列强的势力范围，甚至难以保全主权。这一危机感震撼了知识群体。在这样的历史大潮中，康有为、孙文等人受到瞩目。这是本书的主题。

然而，到了20世纪90年代，将中国置于东亚史视域中考察的上述视角进一步深化，且变得更加严格。日本中国社会文化学会1994年的大会研讨会"从周边看中国——看向他者的视角、来自他者的视角"就是这一动向的象征。在会上，新免康做了报告，从清末民初突厥系穆斯林的角度，介绍了清统治的内情以及对于清统治的反抗和新疆建省（《中国——社会与文化》第9号，1994年）。此后，陆续出现了从越南史、朝鲜（韩国）史的角度进行的同一趣旨的研究。

在看待这些少数民族自决、周边各国从中华帝国分离独立时，需要这样的视角：像本书中也有论及的左宗棠等人讨伐西北边境的回民叛乱，乃至在中法（清法）战争、日清战争中行使宗主权，向当地派遣淮军等，与其说是对越南、朝鲜的支援，不如说是为了中国自身的利益。正如上文所见，这些宗主权的行使，其内里潜藏着向国权论倾斜，并想要使曾经的册封关系向着近代条约关系发生质的转变的心理诉求。中国向着辛亥革命强化了近代国民国家的志向，但另一方面却执着于维持与周边民族的旧册封关系，继清末新疆省设置之后，又针对蒙古族、回族设置了热河、宁夏各省，针对藏族设置了西康省等。目前急迫需要对被定性为"反帝国主义列强的民族解放革命"的近现代中国革命像，进行深刻的再认识。

接下来再谈谈东亚国际形势的变化及其对于中国国内的影响。19世纪90年代后半叶，中国自身的危机急剧加深。这是日清战争的结果，同时也跟俄罗斯帝国主义的急速登场有关。这在本书"瓜分中国"一章中已有详细介绍。它使得中国国内政治变得复杂且扭曲。比如，李鸿章等洋务派为了牵制日本，将日清战争开战前已经开始的亲俄政策又向前推进了一步，向俄国许诺了借款、修建铁道、租借港湾。恰好此时发生了变法维新运动，李鸿章等人与在日清战争后转为亲日派的康有为等变法派发生冲突，致使变法运动遭遇失败。此时，西太后在讨伐变法派上与李鸿章等人达成了一致，但最终还是对亲俄政策抱有恐惧，在20世纪初宣布"光绪新政"之际，还是采用了变法派曾倡导的日本模式——以明治维新为范本的改革构想。义和团事件后，俄军残留在中国东北部，激发了全国规模的"拒俄运动"，这一事件成为推翻清朝的革命转机，也成为中华国权意识高涨的契机。然而，在辛亥革命的过程中，反清革命势力质疑清政府所推行的日本模式的集权改革，一时向合众国模式倾斜。继而在经历俄国革命和五四运动后，中国又开始向着苏联模式摇摆前进。这着实是一个激烈的转变过程。

以上概览了30余年以来的学说变化。在近现代史中，比如像古代史那样，发现新史迹的情况是很稀少的。但由于政治，一些遭到隐匿的史料突然重见天日，使得迄今为止的历史样貌发生极大扭转的情况却不少。此外，时刻塑造着历史的鲜活中国的样貌变化、加上其政治所传递的讯息变化，难免会反映在主张客观实证的历史分析中。不得不说，这才是中国真实的样貌。上面我们看到的学说演变，可以说是如实地展现了这一点。在这样的背景下，作者就是探求不受政治、流行等变化影响的客观中国近代史像的其中一人。可以说本书就是作者这一尝试的结晶。随着之后研究的进展，本书当然也有不少需要补充之处，但在当时的构想之中已经具备了接近今日论点的灵活性。在这个意义上，我们确信，本书所描绘的中国近代史像至今依然保持着生命力。

由于本解说是以评论的形式聚焦在波多野善大的工作上，因此在最后部分，我想补充一下主要是本书执笔前后的他的一些经历。他在战争全盛时期的昭和十八年（1943年）进入京都大学东洋史学专业学习，那是一场从人生35岁开始的挑战。之后，他在名古屋大学负责初创的东洋史讲座。为了弥补自己起步的落后，他开始了研究冲刺。同时，他也不受已有的权威束缚，对于优秀的学说和新史料等表现出了近乎贪婪的好奇心。作为成果，他于昭和三十六年（1961年），公开发表了《中国近代工业史研究》，次年被京都大学授予了学位。顾名思义，这一成果是社会经济史领域的研究，但在研究过程中，他着眼于中国近代化的"迟缓"，在如前所述的革命史全盛的背景下，写作了《关于中国近代史的三个问题——中国近代化缘何迟缓？》(《名古屋大学文学部研究论集》史学七，1958年）。接着又写作了《辛亥革命的动因——中国是如何回应西方冲击的？》(《历史学研究》第235号，1959年）。这是以中国民族主义为基调的研究。这两篇论文在当时受到了非常严厉的批判，甚至出现了对作者人格的抨击（其中的一个例子是里井彦七郎的《关于中国近代化过程的三种把握方式》，《历史学研究》311号）。本书正是在这样的背景下诞生的，合著者藤村道生、樱井敏照二人作为波多野所指导的学生，毫无疑问与他具有共同的问题意识。之后，作者在1973年又出版了《中国近代军阀研究》（河出书房新社），这成为日本对中国军阀研究的代表作。作者于1998年去世，次年，他的遗稿以《近代中国人物群像》（汲古书院）的形式整理出版。

（坂野良吉　上智大学教授）

出版后记

本书是由日本知名东洋史专家组织编写的《中国文明的历史》丛书的第 10 本,将清末中国、日本等国的锁国状况与欧洲同时期历史做对比,再讲述到西方国家入侵,东亚各国被迫陆续开国的过程,最后浓墨重笔地介绍了东亚国家做出的一系列反抗斗争与应对措施。正如本书书名《东亚的开国》所示,本书与丛书中其他几本的不同之处在于,本书严格意义上并不能列入中国史,而是属于东亚史,乃至世界史的范畴。

因此,从这个意义上来讲,本书可谓是讲述东亚近代历史的一本恢宏庞杂的经典著作。相信由日本权威历史学者,从其独特的视角书写的这本《东亚的开国》,能让读者从更广大的角度对 19 世纪末至 20 世纪初的这段东亚历史,尤其是中国历史有更深一层的理解。

由于编者水平有限,本书难免有各种疏漏,敬请广大读者批评指正。

服务热线:133-6631-2326　188-1142-1266
读者信息:reader@hinabook.com

后浪出版公司

2020 年 11 月

图书在版编目（CIP）数据

东亚的开国 /（日）波多野善大编著；姜靖译 . -- 成都：四川人民出版社，2022.4
ISBN 978-7-220-12552-2

Ⅰ. ①东… Ⅱ. ①波… ②姜… Ⅲ. ①中国历史—清后期—通俗读物 Ⅳ. ① K252.09

中国版本图书馆 CIP 数据核字 (2021) 第 280803 号

四川省版权局
著作权合同登记号
图字：21-2022-55

CHUGOKU BUNMEI NO REKISHI (10) HIGASHI ASIA NO KAIKOKU
BY Yoshihiro HATANO
Copyright © 2000 CHUOKORON-SHINSHA, INC./Tazuru HATANO
Original Japanese edition published by CHUOKORON-SHINSHA, INC.
ALL rights reserved
Chinese (in Simplified character only) translation copyright © 2022 by Ginkgo (Beijing) Book Co., Ltd.
Chinese (in Simplified character only) translation rights arranged with CHUOKORON-SHINSHA, INC. through Bardon-Chinese Media Agency, Taipei.
本书中文简体版权归属于银杏树下（北京）图书有限责任公司。
审图号：GS（2021）6282 号

DONGYA DE KAIGUO
东亚的开国

著　　者	［日］波多野善大
译　　者	姜　婧
选题策划	后浪出版公司
出版统筹	吴兴元
特约编辑	段　然
责任编辑	唐　婧
装帧制造	墨白空间·张萌
营销推广	ONEBOOK
出版发行	四川人民出版社（成都槐树街 2 号）
网　　址	http://www.scpph.com
E - mail	scrmcbs@sina.com
印　　刷	天津中印联印务有限公司
成品尺寸	143mm × 210mm
印　　张	10.25
字　　数	213 千
版　　次	2022 年 4 月第 1 版
印　　次	2022 年 4 月第 1 次
书　　号	978-7-220-12552-2
定　　价	48.00 元

后浪出版咨询(北京)有限责任公司　版权所有，侵权必究
投诉信箱：copyright@hinabook.com　fawu@hinabook.com
未经许可，不得以任何方式复制或者抄袭本书部分或全部内容
本书若有印、装质量问题，请与本公司联系调换，电话 010-64072833